非遗里的中国

[千年国粹]

日知图书 ◎ 编著

China
Intangible Cultural Heritage

北京联合出版公司
Beijing United Publishing Co., Ltd.

目录

雕刻时光 ········· 2
中国雕版印刷技艺

屏风九叠云锦张 ········· 14
南京云锦织造技艺

锣鼓铿锵　戏韵流芳
京剧
20

悠悠汴水起虹桥
中国木拱桥传统营造技艺
6

千刻不落　万剪不断
中国剪纸
10

26
丝竹之音　推琴为首
古琴艺术

揭开中医针灸的神秘面纱 ············ 30
中医针灸

珠响越千年　算方传四海 ············ 32
中国珠算

36
器出东方　不灭窑火
龙泉青瓷传统烧制技艺

且喜人间好时节
二十四节气
40

44
多姿多彩的民族歌舞文化
中国朝鲜族农乐舞
蒙古族长调民歌
蒙古族呼麦歌唱艺术
新疆维吾尔木卡姆艺术
花儿
侗族大歌
藏戏

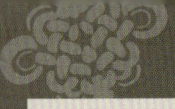

非物质文化遗产　INTANGIBLE CULTURAL HERITAGE

中国雕版印刷技艺于 2009 年被列入"人类非物质文化遗产代表作名录"。

雕刻时光
中国雕版印刷技艺

雕版印刷技艺出现于隋唐，至宋代达到鼎盛，明清时得到进一步发展，是中国古代四大发明之一。它的出现不但降低了书籍制造成本，大大提高了生产效率，还对文化的交流互通产生了正面影响。

中国雕版印刷技艺
迄今已有1300多年的历史，是古代劳动人民在不断摸索、长期实践中形成的重要传播手段。

中国雕版印刷技艺

解放双手

纸张发明出来后，书籍的呈现形式产生了变化。人们放弃了竹简、丝帛等或笨重或昂贵的材料，开始通过手抄于纸的方式对书籍进行复制并传播。唐代上承隋代，在结束了数百年的战乱后，对书籍的搜集和收藏变得尤为重视，甚至还增设了专门负责书籍缮写的楷书一职。据开元时期的图书目录《古今书录》记载，当时光国家藏书就有三千余部五万多卷。

但手抄笔录费时耗力，不可避免的笔误还会影响书籍质量，此时单靠抄写已经不能满足人们对于书籍的迫切需求。于是人们开始寻找更为高效的传播方式。就这样，在印章和拓印法的启发下，雕版印刷技艺应运而生。但此时这门技艺仍处于初级阶段，由政府主导的正统书籍的雕版印刷活动还未出现。

三足鼎立

唐覆灭后是五代十国时期，这一时期虽战乱频繁，其雕版印刷业却是中国印刷史上的一个重要里程碑。在此期间，雕版技艺不断改革创新，雕版印刷活动也从民间进入政府机构，这些都为宋代雕版印刷技术的蓬勃发展打下了坚实基础。

北宋庆历年间，毕昇发明了活字印刷术，但雕版印刷并没有被活字印刷所取代，仍在宋代印刷业中占据主导地位。宋代统治者健全了国家图书编纂机构，对前人的著作进行了大规模整理，并广泛雕印发行。此时的雕版印刷市场呈现出官刻、私刻、坊刻三足鼎立的繁荣局面。

官刻：以国子监为主，由国家机构出资或主持的图书刻印活动。

私刻：以民间人士人学士为主，多署刻于家塾，私人出资，不为盈利。

坊刻：以书坊书商为主，内容多种多样，动机为出售和盈利。

非遗博览 — 最早的编辑

宋代以前的抄本书籍很少会有人专门校对，因此错误通常较多。到了宋代，随着雕版印刷的发展，不论政府机构还是民间机构，都需要在刻版前对书稿进行校勘，有些印版刻成后还要勘版。于是，编辑这门职业出现了。

无奈没落

明清时期，雕版印刷技艺已经炉火纯青，其应用也更为广泛。但到了清代后期，随着西学东渐，改良后的现代印刷技术传入中国。在这些技术的冲击下，雕版印刷等手工印制技术便逐渐被更为先进的新技术所取代。

非物质文化遗产 INTANGIBLE CULTURAL HERITAGE

雕版印刷的方法

雕版印刷是将图案或文字反向阳刻于木板之上,再转印于纸张上的工艺手段,其过程繁复,十分考验匠人们手、眼、心的配合。

在进行雕版印刷前,人们首先要请善书者将书稿写于纸上,经校对无误后反贴于木板,再由刻工根据不同字体选用不同型号的刻刀逐字雕刻,制成印版。

印版制成后,将其固定在桌面上,均匀上墨后放上纸张进行印刷。据说在唐代,一个熟练的印刷工一天大约可印 2000 张。

远远不止技术

作为中国古代人民智慧与创造的结晶,雕版印刷技艺的贡献早已不局限于技术本身,其传播过程以及其所创造的大量图文传播载体,更是文化与思想传承的工具,在文化艺术、人文教育以及科学发展等领域都发挥了重要作用。

宗教传播

雕版印刷术发明初期主要是为了印制佛经。敦煌保存下来的印刷精美的佛教经卷、四川等地出土的多份经咒等都充分说明了雕版印刷术在当时对宗教传播有着重要意义。

教育普及

宋代的著名文学家苏轼在《李氏山房藏书记》中写道:"近岁市人转相摹刻诸子百家之书,日传万纸……"这描写的便是宋代雕版印刷的盛况。雕印图书的普及使得图书的复制变得更为容易,这为学者读书学习提供了极大的方便。

从一到多

在印刷技术工人的漫长实践中,雕版印刷在单色的基础上发展出了彩色套版印刷。其中主要包括五个发展阶段:手工着色、刷捺套印、一版多色印刷、分版分色套印和饾(dòu)版拱花印刻。

① 手工着色

只印线稿,后以手工涂色的方式获得多色版画。

② 刷捺套印

根据事先设计好的画稿,先进行刷印,后在其上叠加捺印。

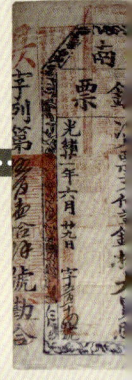

科技发展

8—10世纪初，阿拉伯商人通过海上陶瓷之路将雕版印刷术带入尼罗河三角洲。11—12世纪，这项技艺又越过葱岭，通过陆路方式传入中亚和西亚，进入开罗。13世纪末，雕版印刷向西传播的浪潮兴起，并于14世纪开始风靡欧洲，这大大促进了造纸业和印刷业的发展。

由此可见，雕版印刷技艺具有重要的历史意义，它为现代印刷业的技术发展与迭代打下了牢固基础，它创造出的大量印刷品也使得中西方文化与技术的传播交流变得更加便捷。

传统技艺的当代传承

随着现代印刷业的高速发展，传统雕版印刷业遭受重大冲击。不论是继承人的匮乏还是市场运作与生产能力的劣势，都使雕版印刷面临着无法传承的困境。在此情境下，仍有一些匠人承担起传承传统技艺的责任。他们在保证原有艺术风格的基础上，尝试为其注入现代元素，使之更能适应现代生活。

与此同时，作为雕版印刷技艺的主体传承城市，扬州建立了中国雕版印刷博物馆，以10万余片珍贵古籍雕版版片作为主体馆藏，向世界展示着雕版印刷的独特魅力。

出土于宁夏回族自治区银川市贺兰县宏佛塔，目前收藏于宁夏博物馆的西夏文木雕版。

在同一块印版上的不同的部位刷涂不同的颜色。

一版多色印刷

多用于水墨画印制。饾版是指按照画稿的浓淡、干枯度和色彩倾向分别刻版，逐色套印；拱花是指在版上刻出纹理后不着色，只通过将宣纸按压在版上，使之产生立体感。

饾版拱花印刻

③　　　　　　　　④　　　　　　　　⑤

刷印版面较大，捺印多为印章类小版。这种印刷技术最早用于印刷纸币防伪。

分版分色套印

首先根据画面结构和色彩进行分版，之后每种颜色雕刻一块印版，按一定顺序逐色套印。

清初版画多用饾版印刷彩色年画，苏州桃花坞版画便是其中的代表。

非物质文化遗产 INTANGIBLE CULTURAL HERITAGE

悠悠汴水起虹桥

中国木拱桥传统营造技艺

木拱桥是中国古代的一种桥梁类型，其背后的传统营造技艺所创造的不仅是连接两岸的通道，更是增进文化认同的重要环境。

中国木拱桥营造技艺是一种以结构力学为基础，采用传统木建筑工具及手工技法，通过原木之间的交叉贯穿、互相承托、挤压咬合使其巧妙相连，从而构成稳定桥面的拱架桥梁技艺体系，距今已有数千年历史。

自东水门外七里至西水门外，河上有桥十三。从东水门外七里曰虹桥。其桥无柱，皆以巨木虚架，饰以丹雘（huò），宛如飞虹……
——孟元老《东京梦华录》

《清明上河图》里的秘密

1953 年，《清明上河图》首次对公众展出，除了形象逼真的场景、栩栩如生的人物外，画卷中北宋汴梁城外汴河上的一座木制拱形桥梁同样吸引了人们的注意。在北宋，汴河担负着东南粮食漕运的交通重任，来自东南地区的各种特产，也都由它运往京城。可以说，京城里无论官员百姓，一切生活所需都要仰仗汴河漕运的供给。汴河通航的重要性可见一斑。

然而，由于当时汴河上多木梁柱桥，洪水时期过往船只经常会与桥柱相撞，这让当时的相关官员十分苦恼。直到仁宗明道年间，距离汴京千里之外的青州首先出现了类似《清明上河图》中的木拱桥，之后这种构建形式逐渐被推广，这才解决了漕运船只通过不顺畅的问题。

中国木拱桥传统营造技艺

中国木拱桥传统营造技艺于 2009 年被列入"急需保护的非物质文化遗产名录"。

非遗博览

达·芬奇拱桥

很长时间以来，学者们都认为木拱桥与木拱桥营造技艺是中国特有的建筑结构与技法。但随着时代的发展，他们了解到文艺复兴时期著名画家、设计师达·芬奇的存世手稿中也有一些木拱桥设计图样。不过达·芬奇的设计图比《清明上河图》晚了 300 多年，所以众多学者倾向于认为他的设计受到了来自东方的影响。

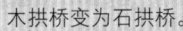

木拱桥变为石拱桥。

《清明上河图》是北宋画家张择端的佳作，属中国十大传世名画之一。该画人物众多，真实地描绘了北宋都城汴梁及汴河两岸风光。后代有众多仿本，比如清院本《清明上河图》。不过在该版本中，汴河上木拱桥已经被石拱桥所代替。

非物质文化遗产 INTANGIBLE CULTURAL HERITAGE

桥廊一体

20世纪50年代,自明确《清明上河图》中的汴河虹桥属于编木拱桥的形式后,学者们一度认为这种北宋时期盛行的编木拱桥技艺已经由于宋室南渡、黄河改道等多种原因失传。直至20多年后,学者们惊喜地发现,在我国闽浙山区一带仍存在大量具有编木拱结构并带有廊屋的木桥,他们将其称为"木拱廊桥"。

木拱廊桥是具有独特性与地域性的桥梁结构形式,被誉为世界桥梁史上的"活化石"。目前我国现存的110多座古代木拱廊桥主要集中在闽东北与浙西南交界一带。这些地区山高林密,村落大多沿着水流分布,正是由于人们在该环境下对于桥梁需求迫切,加上周围树木众多,方便就地取材,才使这一传统技艺得以保留下来。

木拱廊桥通常采用"河上架桥、桥上建廊"的结构,上面的廊屋既可以保护桥体、增加使用寿命,又可以为过路人提供遮风挡雨、休息乘凉的地方。

浙江省温州市泰顺县有着"廊桥之乡"的称号,这里至今仍保存着34座形态各异的木拱廊桥。

位于福建省宁德市屏南县长桥镇长桥村的万安桥,始建于宋代。2022年8月6日晚间,万安桥不幸因失火被焚毁。

桥上廊屋建筑形式不一。广西三江的程阳桥是中国侗族地区规模最大的木拱廊桥,该廊桥桥上廊屋集亭、廊、楼、阁于一体,吸收了侗家鼓楼建筑的元素,造型优美,民族特色鲜明。

拱桥从材料上可以分为木拱桥、石拱桥、砖拱桥和竹拱桥等,讲究因地制宜。

中国木拱桥传统营造技艺

各司其职

木拱桥不用铆钉连接，也无需桥柱支撑，只用传统榫卯就能使桥面越过三四十米宽的水面，其工程巨大，这背后需要无数人的努力。

首事：由当地旺族中的能人出面担任，需要承担筹得建造资金、呼吁乡人们捐木材出力建桥以及寻找到一位身怀绝技的"绳墨"的责任。

绳墨：建造廊桥的主要工匠，需要用一种叫作"墨斗"的工具在木材上用蘸了墨水的绳线标出尺寸，其余工匠则会根据他绘制的尺寸进行下一步工作。

副墨：在建桥工程中担任助手的其他工匠。

木拱廊桥中的古人智慧

木拱廊桥主要分为两部分：拱形桥体以及桥上的廊屋。在主拱结构方面，木拱廊桥与"汴河虹桥"有着较高的相似度，二者均由三节苗结构和五节苗结构交叉搭接而成。木拱廊桥在整体结构的设计上还加入了剪刀苗、青蛙腿等特殊设计，不仅可以增强桥体的稳固性，还能有效避免桥体发生侧移。

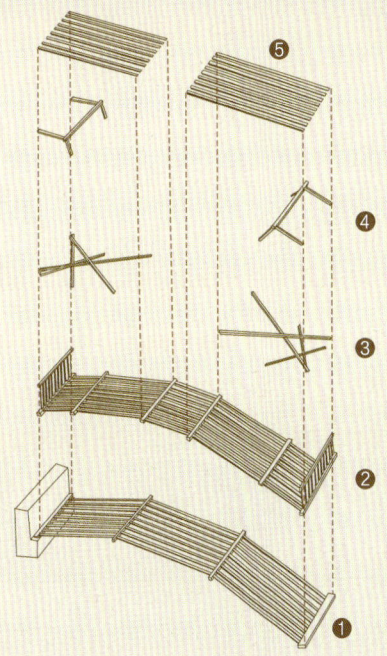

① **三节苗**

三节苗是木拱廊桥的第一层结构，由三节木结构组成，两侧的斜苗与中间的平苗成八字形，平苗与斜苗之间通过被称为"大牛头"的横木相连。

② **五节苗**

由五节木结构组成，是木拱廊桥的第二个拱架结构。它位于三节苗上方，与三节苗节点交错，辅助其分解水平推力，形成坚固的桥体结构。

③ **剪刀苗**

独特的"X"形的剪刀撑架构造可以加强桥梁整体稳定性、减缓桥梁横向变形。

④ **青蛙腿**

设置在桥拱两端的青蛙腿，一方面可以增加桥身两端的高度，缩短桥面行进距离，获得较为平整的桥身；另一方面，它还可以起到承担桥面结构的作用。

⑤ **平苗**

平苗又被称为"纵横苗"，一般设置在青蛙腿结构上面，是木拱廊桥主拱结构最上方的木构件。

非物质文化遗产 INTANGIBLE CULTURAL HERITAGE

千刻不落 万剪不断
中国剪纸

沉淀了数千年的中华文化孕育了无数民间美术瑰宝，
剪纸艺术便是其中最具特色的工艺之一。
即使经历了时间的洗涤，
在今天，剪纸艺术仍是人们对美好生活的寄托载体。

《史记》中记载了这样一个故事：周成王继位后，有一次随手将一片梧桐叶削成分封官员所用的圭的形状后交给了弟弟叔虞，并告诉他："我要用它来分封你。"时任史官的史佚便请周成王选一个分封叔虞的日子，周成王却说："我是在和他开玩笑。"史佚听后回答他说："天子没有玩笑话。"于是周成王便把唐分封给了叔虞。这个故事既是成语"君无戏言"的由来，也被认为是剪纸的最早渊源。

在纸张被发明出来前，人们已经开始使用金箔、树叶等薄片材料雕刻纹样制作装饰品，这些都为剪纸的出现打下了基础。东汉蔡伦对造纸术进行改进后，真正意义上的剪纸出现了。到了南北朝时期，剪纸艺术开始快速发展，我国迄今为止发现的最早的剪纸便是出土于新疆吐鲁番地区的南北朝时期对马、对猴团花。

唐宋时期，剪纸图案被运用到其他工艺方面，比如蓝印花布的制作。这项工艺会先用油纸板雕出花纹，再隔着油纸板将染料漏印到布匹上。这一时期，剪纸逐渐成了商品，以剪纸为职业的艺人随之出现。

明清时期，"走马灯""夹纱灯"等灯具的制作中也开始运用剪纸元素。自此，剪纸艺术一方面保留原有风格，另一方面融合外来文化，这使得它的运用范围变得更加广泛。

中国剪纸于 2009 年被列入"人类非物质文化遗产代表作名录"。

中国剪纸

非遗博览

《老鼠嫁女》

1983年上海美术电影制片厂曾以"老鼠嫁女"为主题拍摄剪纸动画。

会动的剪纸

随着社会的发展、技术的更新,剪纸艺术除了作为工艺品寄托期盼、供人观赏外,更突破了静态,向着更多元的方向发展,比如剪纸动画。

中国剪纸动画是将剪纸艺术运用于动画设计制作的一种影片类型,其通常运用剪纸艺术的手法设计角色与场景,之后借鉴皮影戏操纵人物动作的经验来呈现动态视觉效果。动作的变换主要依靠移动角色来实现,每个操作都需要非常细致。

现如今,在不断的发展过程中,剪纸动画逐渐吸收了其他动画类型的优点,取长补短,同时尝试将数字媒体技术融入其中。相信在不远的将来,一定会有越来越多的剪纸动画工作者,创作出越来越多的优秀作品。

源于生活

中国剪纸的内容取材通常贴近人们日常生活。随处可见的动植物形象、热闹生动的生活场景和耳熟能详的神话传说等,都是剪纸艺术的常见题材。

非物质文化遗产 INTANGIBLE CULTURAL HERITAGE

一幅剪纸的诞生

中国剪纸艺术在民众中产生、流传和发展，受各地风俗影响较大，因此出现了很多不同的派别，但总的来说，其制作步骤基本相同，大致包括以下几步。

首先是构思立意。不同的剪纸有不同的主题，因此在落剪之前，要先明确主题思想。常用的剪纸主题有神话图腾、花鸟鱼虫、节庆祝福等。

下一步是起稿，即画出剪纸所用的"底样"。底样完成后便可以进行剪刻，这是剪纸中最重要的一步。"剪"是指用剪刀剪，剪出的线条通常灵活多变；而"刻"通常是指刻刀雕刻，刻刀刻出的作品通常风格细腻、装饰性强。

从表现技法来说，剪纸可以分为阳剪和阴剪。阳剪讲究"线线相连"，用线来呈现图案；阴剪则与其刚好相反，留下轮廓线，把中间的部分掏空。一幅好的剪纸作品通常会把阳剪阴剪结合起来。

这两幅剪纸都刻画了丰收的景象，但左为阳剪，右为阴剪。

在剪刻过程中，剪纸艺人们还会通过一些视觉表现手法增加画面的层次感，使画面主次清晰。比如将内在的物体透过外在物体呈现出来，以此表现包含关系的X透视法以及为了使物体不被遮挡，将前方物体陈列在下、后方物体陈列在上的平铺法。

这幅剪纸运用平铺法，将兔子、花朵、白菜、萝卜等置于同一平面，使整幅画面显得热闹而生动。

这幅剪纸运用X透视法展示出了室内各房间内部场景，使画面显得更加饱满。

① 锯齿纹
② 月牙纹
③ 鱼鳞纹
④ 云纹
⑤ 柳叶纹

中国剪纸

入乡随俗

剪纸工艺凭借变化多样、材料易得等特点受到了各地人民的喜爱。但正如前文所说，由于文化上的差异，具有载体功能的民间剪纸也有着区域间的差异。

用不同的衬纸放在下方衬色的剪纸被称为"衬色剪纸"。广东佛山剪纸的特别之处便在于其特殊的铜衬工艺。置铜箔于剪纸作品下方，将材料与表现手法巧妙结合，这使得广东佛山剪纸风格富丽堂皇，独具岭南特色。

山西广灵剪纸工艺考究，从设计定稿开始到包装结束，前后大约需要三十八道工序，是一种现代机器生产无法完全取代的纯手工工艺。近年来，广灵剪纸更是推陈出新，研发出了新写实多层剪纸。这类剪纸先借助计算机技术将画面分层分色，之后逐层手工刻制。当一层层剪纸叠加后，生动的图案就出现了。

除此之外，湖北雕花剪纸、陕西榆林剪纸等都是剪纸艺术中的佼佼者，是它们不同的创作风格使剪纸这种民间艺术形式得以百花齐放。

流传于河北省的蔚县剪纸与广灵剪纸具有同源关系，但历史的变迁使它们呈现出不同的特点。

纹样大不同

剪纸作品造型多样，变化丰富，这很大程度上是不同纹样经过组合变化后得到的艺术效果。剪纸纹样一般包括主轮廓纹样和内部装饰纹样两种，前者表现图像基本结构，后者通过不同形状表现不同画面内容，增添剪纸趣味性。

锯齿纹
在剪纸中应用广泛，尤其是动物剪纸。一般用来表现动物身上的羽毛、绒毛及花朵、树叶的纹理。

云纹
包含团云、朵云、行云等，每种可分别表现不同状态下的云彩或水浪。

月牙纹
由长短不一的弧线组成，多用于表现眼眉、衣纹、脊背等。

鱼鳞纹
除鱼鳞外，龙鳞、孔雀羽毛等相似部位也可以用鱼鳞纹表现。

柳叶纹
因其形状似柳树叶子而得名，多用于表现花卉、叶片等。

非物质文化遗产 INTANGIBLE CULTURAL HERITAGE

屏风九叠云锦张

南京云锦织造技艺

李白曾在《庐山谣寄卢侍御虚舟》中将围绕着庐山的云霞形容为华美锦绣，而南京云锦则是由于其色泽鲜艳、绚烂如天上云霞而得名。

"江南佳丽地，金陵帝王州。"南京作为中国著名古都、金陵文化的核心地域，有着将近 2500 年的城市发展史、约 450 年的建都史，厚重的历史文化积累使其拥有无数的文化遗产，南京云锦便是其中一项。

南京云锦是中国传统的丝制工艺品，其织造技艺集历代织锦工艺之大成，代表了中国古代纺织技术的最高成就，它的产生和发展对社会、政治、经济、文化等诸多方面都有重要影响。

南京云锦织造技艺于 2009 年被列入"人类非物质文化遗产代表作名录"。

南京云锦织造技艺

寸锦寸金

　　锦字由"金"字和"帛"字组合而成,是古代丝织品中最贵重的一类,在当时只有达官贵人才穿得起。南京丝织业最早出现于三国时期。公元416年,时为东晋重臣的刘裕带兵北伐,一举灭掉了建都于长安的后秦政权。灭秦后,刘裕将集中于长安地区的各类手工业者迁往都城建康(今南京)。在这批手工业者中,织锦工人占有很大比例。之后,建康成立了专门管理织锦业的官署——"锦署",因其设置在"斗场里",又被称为"斗场锦署"。锦署的成立,不仅标志着南京云锦的诞生,更是南北工艺风格首次交融的体现,为之后时期南京云锦织造的发展打下了坚实的基础。

　　两宋以后,南京的丝织业继续发展,江南丝织业的继续南移为南北丝织工艺的再次交融提供了有利条件。到了元代,元世祖忽必烈在南京设置了官营的"东西织染局",云锦织造技艺得到了进一步发展。明清时期是南京云锦全面发展的鼎盛时期,无论是制造规模还是工艺都突飞猛进,与织锦业相关的缂丝、调丝、画样等职业也逐渐兴起,相关从业人员多达20余万。

　　"锦"是丝织物十四类中的一类,是指以两种以上的彩色丝线显花的多重丝织物。中国织锦品种很多,除南京云锦外,比较著名的还有成都蜀锦、苏州宋锦以及广西壮锦,它们被并称为"中国四大名锦"。

　　成都蜀锦:蜀锦是织锦中历史最为悠久的种类,其色彩对比强烈、装饰严谨、工艺复杂。蜀锦纹样大多对称,以祥禽瑞兽、花鸟鱼虫为主,讲究图必有意,意必吉祥。蜀汉政权曾在成都设置"锦官",于是成都便有了"锦官城"的称号。蜀锦工人居住的地方被称为"锦里"。成都市内有一条富含矿物质的河,相传在里面漂洗蜀锦可以使其颜色鲜亮,因此这条河得名"锦江"。

　　苏州宋锦:宋锦始产于宋朝,故得名宋锦。宋锦用色典雅沉着,纹样多具有几何美感。宋锦生产工序很多,从缫丝染色到织成产品前后要经历20多道工序。正反面都十分光滑是宋锦最突出的特点之一。

　　广西壮锦:壮锦是壮族人民最瑰丽的文化创造之一,其以绵、麻线作经,以彩色丝绒为纬,质地坚韧,具有浓厚的民族风格。"十件壮锦九件凤,活似凤从锦中出。"凤纹是壮锦最常见的纹样。由于壮族先民通常以日常所见的鸟类和鸡类为参照物塑造凤凰,因此壮锦中的凤纹既有凤凰的气韵,也有鸡和鸟的姿态。

非遗博览

中国四大名锦

元世祖忽必烈对南京云锦织造技艺的发展起到了巨大的推进作用,其设置的"东西织染局"对织造技术要求极高。

　　另外,元代统治者喜爱使用金锦,这对明清两代作为御用品的云锦制品也有着直接影响。云锦中的"库金""库锦"等品种,便是从元代金锦中发展出来的。

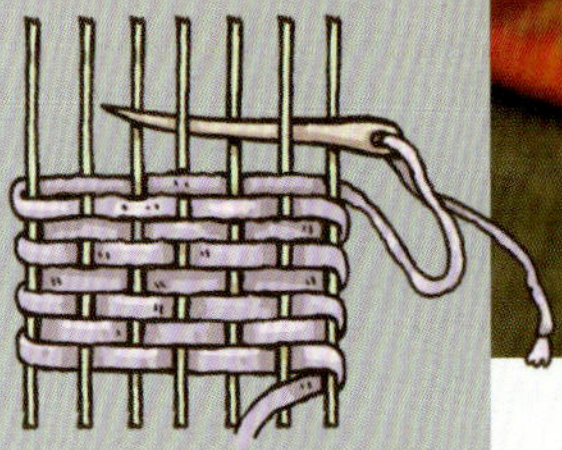

非物质文化遗产　INTANGIBLE CULTURAL HERITAGE

在织造过程中，人们通常将与面料长度方向一致的线称为经线，与面料宽度方向一致的线称为纬线。当经线纬线按照特定规律交错，就会形成图案，这个过程被称为提花。

梭子是织布时牵引纬线的工具，两头尖、中间粗。在旧式织布机中，梭子通过被织者左右手交替抛出的方式编织。

纹饰设计

云锦纹饰题材丰富、构图精美，兼具实用与审美性等多个层面。在纹饰设计阶段，设计者需要根据云锦织物的功能及规格进行初步规划，之后再进行纹样及其造型变化的设计。设计出的纹样既要求自由灵动，又要求合乎自然规律。纹样的排布需要主题突出、层次分明，使整体达到繁而不乱的效果。设计完成后，专门的工匠会根据设计好的结构、规格、图案等绘制意匠图，为后续工作做准备。

意匠图是纺织行业用于表示织物组织结构的示意图，是把纺织结构单元的组合规律，用规定的符号在小方格纸上表示的一种图样。

南京云锦织造技艺

图案符号化

云锦图案设计严谨，对于形状大小、排列规律都十分讲究，常用的基本图案格式有团花、缠枝、锦群等。团花即圆形团纹，一般用于衣料的设计上。将组合花纹向一个方向回转组成一个完整团纹的"车转法"是团花的主要组成方法之一。缠枝是指用婉转流畅的枝条，在主体花花头做缠绕状的图案格式，造型精美灵巧，最早多用于佛帔袈裟等衣物。锦群则是以圆形、方形、菱形等几何图形，做有规律的交错重叠，组成具有变化的骨架，再用小纹样填充骨架内部的图案格式，又名"添花锦"，取锦上添花之意。这些图案格式以不同方式组合，使得云锦表现出了丰富而富有韵律的图案效果。

和谐的色彩结构

色彩是抽象化的情感表达，因此上好的云锦成品不仅要纹样精美，更要配色和谐。

云锦的用色布局注重色彩的绚丽性和协调性，多选用中国传统色彩。在中国传统色彩观念中，红色、黄色等颜色代表喜庆、威严，寓意吉祥，云锦织造中常使用这类艳丽的颜色铺底，同时搭配上高明度色彩的主体纹饰，以带来强烈的视觉冲击。

为了达到浓而不重、艳而不俗的效果，云锦花纹往往使用"色晕"的处理方法，即配色时使用不同深浅的颜色，以表现出色彩的浓淡、层次及节奏，比如在织造主题花图案时，选择用深浅不一的色调几重勾出。除了"色晕"，云锦色彩搭配方法还包括"片金绞边"和"大白相间"，前者运用片金织造花纹轮廓线，以塑造华丽效果，后者在主体花纹外晕部分留白，形成强烈对比。

17

非物质文化遗产 INTANGIBLE CULTURAL HERITAGE

挑花结本

挑花结本是云锦生产中最为重要的一道工序，即对照意匠图挑制出花本的过程。

除了作为基本工艺的"挑花"外，还有"拼花"和"倒花"这两种用于提高效率的辅助工艺。与适用于所有纹样的"挑花"不同，这两种辅助工艺有特定的使用环境。"拼花"是指对花本进行拼接，这种工艺适用于大型纹样。当一架织机容纳不下时，就可以分开挑花，然后运用拼花工艺将各个单元拼成完整花本。而"倒花"是指将已有花本进行复制。先挑出一个基本单元，再通过倒花工艺得到其他单元，最后用拼花技术便可得到整体花本。"倒花"适用于具有对称性及连续性纹样的云锦织物。

> 纹饰的显与不显，取决于提花工将纬线置于经线的上方还是下方，置于上方为显，置于下方则为不显。花本的作用就是将哪里置于上方哪里置于下方事先记录下来。整个织造过程的执行与计算机编程原理类似，因此有人认为，最早的编程就来自纺织行业。

原料准备

云锦属于熟织提花丝织物，其经纬丝需要在上机前先进行染色，织成后则不需要再对其进行炼染印花。

将金银等贵金属甚至珍禽羽毛融入织造是云锦的特色之一。这些特殊材料在参与织造前均需要加工处理。以金线为例，将金箔贴在特制的纸上，再切成细丝，这种薄而脆弱的线材被称为"扁金线"。若再将扁金线缠在蚕丝上，得到的线材则被称为"圆金线"。

孔雀羽毛也常被用于云锦材料中，使用时需要用手将孔雀羽毛一根一根摘下来，用手捻成线。由于孔雀羽毛对光线的吸收或反射具有方向性，因此可以打造出独特的"转眼看花花不定"的视觉效果。

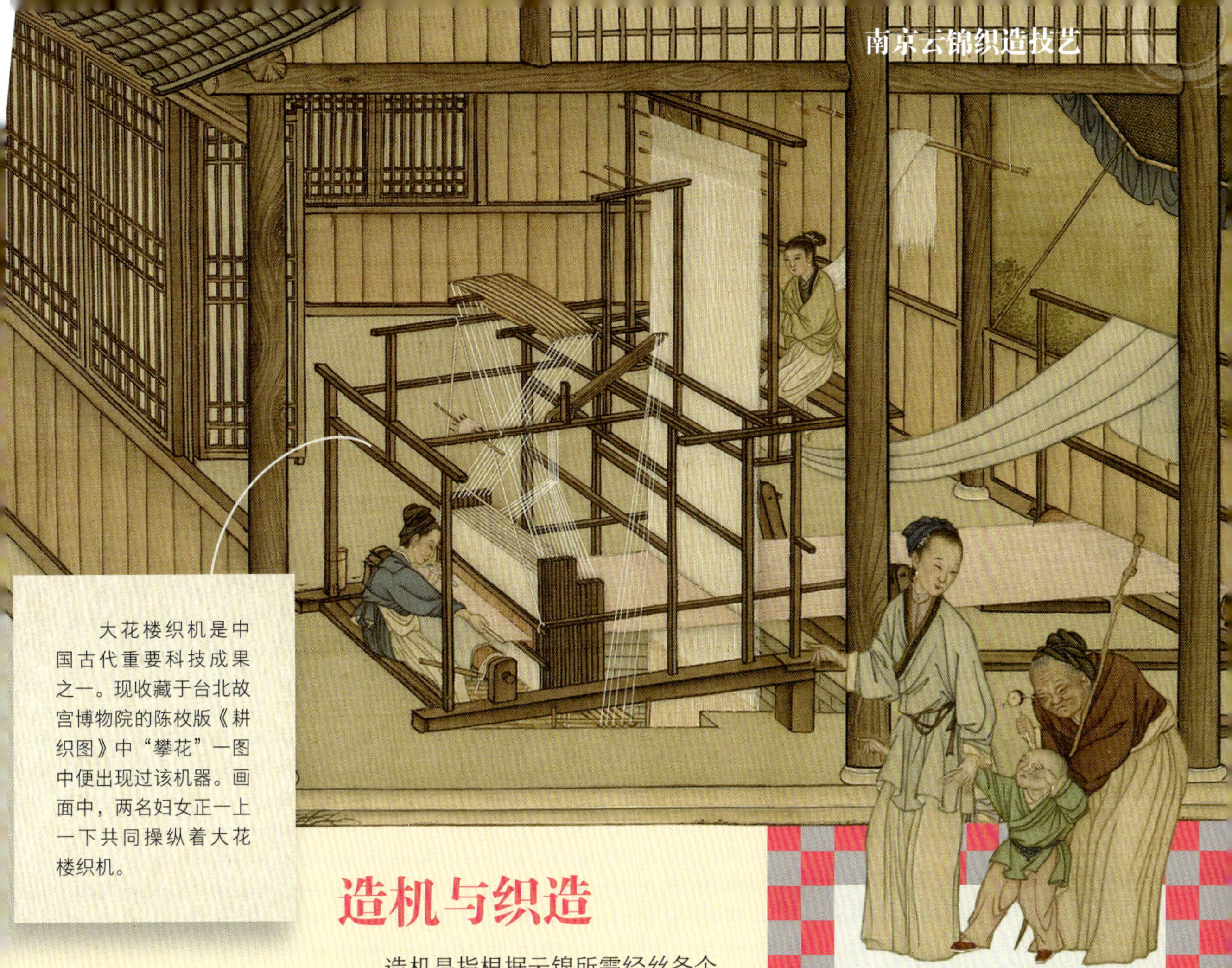

南京云锦织造技艺

大花楼织机是中国古代重要科技成果之一。现收藏于台北故宫博物院的陈枚版《耕织图》中"攀花"一图中便出现过该机器。画面中,两名妇女正一上一下共同操纵着大花楼织机。

造机与织造

造机是指根据云锦所需经丝各个组织的不同要求,将其分别安装在大花楼织机的固定部位上,为后续织造做准备的过程。

云锦大花楼织机需要两个人同时操作。处于织机上层的拽花工会根据做好的花本,按照顺序依次提拽丝线,每当花本中的经线被拽起,织机上对应的经线也会被一同抬起。与此同时,织机下方的织工则会手足并用,与拽花工协同操作,将相应的纬线穿在经线之下。不论是拽花工还是织手,都不需要知道他们所织的图案是什么,只需要按部就班提花、穿梭即可。

非遗博览

南京白局

在辛苦的织造过程中,拽花工和织手有时会聊聊生活琐事,谈谈社会见闻,上唱下和,自娱自乐。渐渐地,这种娱乐形式便发展成了南京的特色曲艺品种。由于其"白说白唱,不要报酬"的特点,这种演出形式被命名为"白局"。

云锦大致可以分为妆花、织金、库缎、库锦四大类,其中妆花是最为复杂的品类,也是最具南京地方特色的品种,其"挖花盘织""逐花异色"等手法至今也无法被现代科学技术所模拟。

非物质文化遗产 INTANGIBLE CULTURAL HERITAGE

锣鼓铿锵
戏韵流芳

京剧

"劝千岁杀字休出口"的乔玄，
唱着"海岛冰轮初转腾"的杨玉环，
开封府内怒铡负心汉的包龙图……
从茶楼到戏园子，百年来众多京剧艺人粉墨登场，
用精美绝伦的表演描绘出了
舞台上一个个不可复制的华彩瞬间。

京剧于 2010 年被列入"人类非物质文化遗产代表作名录"。

京剧，又被称为皮黄、京戏，清代道光年间形成于北京，距今已有约 200 年历史，是中国重要戏曲剧种之一。

虽然形成于北京，但京剧并不是土生土长的北京当地剧种。清乾隆年间经济繁荣，文化艺术也得到了相应的发展。1790 年，乾隆皇帝在八十寿辰之际邀请各大戏班进京献艺。在进京贺寿的各地方戏班中，来自扬州的徽班三庆班一炮而红。寿期结束之后，

京剧

他们并没有南返,而是选择留在北京。三庆班扎根京城后,"四喜""和春""春台"等徽班陆续进京,与三庆班并称"四大徽班"。

四大徽班涌入京城后,其他地方声腔也随之而来。其中湖北汉调的很多艺人选择加入徽班,两种声腔艺术自此开始相互交流,后人称此现象为"徽汉合流"。

京剧便是以徽班为基础,融合徽、汉二调,汲取当时流行于京城的京腔、秦腔等艺术成分逐渐演变而成的。

同治、光绪时期,京剧迎来了历史上第一个发展高峰期,民间画师沈容圃(一作沈蓉圃)将这一时期艺术成就最高、影响最大的十三位京剧演员的戏曲角色绘制在一幅长卷中,这组名噪一时的工笔重彩肖像画史称《同光十三绝》。

京剧发祥地"三庆园"

三庆园位于前门外大栅栏街18号,始建于清乾隆、嘉庆时期,是老北京最早的戏园之一。由于三庆园是"四大徽班"的主要演出场所,因此这里一直被视为中国京剧的发祥地之一。

自三庆园开办以来,很多京剧名角儿都曾在此登台献艺。光绪末年,著名京剧大师谭鑫培携手清末京剧名旦路三宝在三庆园演绎《坐楼杀惜》等戏;优秀女老生、人称"冬皇"的孟小冬,离开上海北上发展后的首次登台便是在三庆园表演《四郎探母》。

除了陪伴众多京剧演员一举成名外,三庆园还见证了不少京剧大师的民族气节。京剧艺术大师、杨派艺术创始人杨小楼曾被汉奸邀请在三庆园为日本人义演。由于对方挟持人质威胁,杨小楼无法拒演。于是在演出当天,杨小楼临时改词,借《战宛城》中张绣之口大骂敌人,将爱国之情表现得淋漓尽致。

京剧大师梅兰芳也曾多次在三庆园演出。就连主张以西洋戏剧取代中国戏曲的傅斯年在三庆园看过梅兰芳的表演后,都这样感叹:"我有一天在三庆园听梅兰芳的《一缕麻》,几乎挤坏了。出来见大栅栏一带,人山人海,交通断绝了,便高兴的了不得。"

21

非物质文化遗产 INTANGIBLE CULTURAL HERITAGE

生旦净丑

《霸王别姬》《杨家将》《未央宫》……一出出好戏在舞台上接连上演，连带着台下的观众跟着故事情节一起嬉笑怒骂，这一切都离不开京剧在塑造人物方面上采用的独特表演体制——行当。

行当是角色在舞台上的分类，它将各个人物按照性别、性格、年龄、身份等不同方面分为几类，赋予每种类别完全不同的造型风格与表演方法，使角色分工系统化。京剧行当的分类中存在着一个由繁到简的过程——从最开始的生、旦、净、丑、末、副、外、杂、武、流十门角色，到后来的生、旦、净、末、丑五类，再到现在将末行归入生类，只分为生、旦、净、丑四大类。

生一般是指京剧中扮演男子的演员。除去红生和勾脸武生外，生行一般是素脸，其扮相相对干净俊美，不在脸上绘制脸谱。生行由老生、

在京剧表演乃至戏曲表演中，反串并不是指"女扮男装"或"男扮女装"的性别置换，而是指跨行当或跨剧种的演出，比如原本唱旦角的演员演了生角或京剧演员唱了评剧或粤剧。

武生、小生三个行当组成。老生指的是故事中的中老年男子形象，大多为剧中的正面人物。老生一般需要根据所扮人物年龄不同佩戴不同颜色的胡须，而小生主要扮演青少年男子，一般不佩戴胡须。剧本中擅长武艺的青壮年男子则一般由武生扮演。

旦角是京剧表演中的女性角色。其中庄重的青年或中年妇女被称为"青衣"，天真活泼的女性角色被称为"花旦"，年纪稍长的女性角色则被称为"老旦"。在旦角中，还有一类特殊的行当被称为"刀马旦"，她们穿长靠、骑马、持武器，通常扮演擅长武艺的巾帼英雄。

净角大多扮演或性格豪放，或阴险狡诈，或相貌特异的男性人物，如爱恨分明的李逵、兄弟义气的张飞以及大奸臣严嵩等。丑角扮演种类众多，有的行为滑稽、引人发笑，有的凶狠奸诈、行为卑鄙。净角由于面部绘有脸谱而俗称"花脸"，而丑角由于化妆时常在鼻梁上抹一小块白粉而俗称"小花脸"。

京剧表演中，孙悟空多由武生行当扮演。

《穆桂英挂帅》中唱着"我一剑能挡百万兵"的穆桂英属于刀马旦。

四功五法

京剧艺术十分讲究表演技巧，因此每位京剧演员在确定行当之前，都要接受同样的基本训练，一旦确定了行当之后，还要按照行当要求进行特别训练。"四功五法"作为京剧表演的第一基本功，是京剧演员必不可少的基础训练。

唱念做打

唱是指唱功。作为四功之首，演唱是京剧演员用来传递感情的主要手段。比如《春闺梦》中，沉郁凄婉的程式唱腔便将女主角张氏对失去联系的丈夫的思念表达得淋漓尽致。

俗话"千斤话白四两唱"中的"话白"就是这里说的念功，即戏曲念白。念白大都没有乐器伴奏，轻重缓急、抑扬顿挫全靠演员自己掌握，因此十分考验演员功力。

> 不同派别唱腔不同，各有特点。以旦角的"梅尚程荀"四派为例：梅派发音圆润饱满，纯净甘甜；尚派高昂有力，明快大方；程派跌宕起伏，节奏多变；荀派活泼俏丽，热情生动。上图为尚小云及尚派弟子合照。

做是表演，即通过各种面部表情和肢体动作展现人物内心活动或表现所处特定环境。打是武打，包括独舞或手持兵器对打的把子功和翻滚扑跌的毯子功等。

手眼身法步

手、眼、身、法、步是京剧演员的五法。通过对手势动作、眼神运用、身体控制、台步技法以及各部位协调方法的规范化训练，可以使京剧演员在表演中无论站立坐卧，都能游刃有余。

以手法为例，京剧演员的手在表演中起到重要作用，不同行当手法不一致，不同的手法也代表不一样的含义。青衣和花旦都属于旦角，但二者兰花指形态却不尽相同，这是由于其角色性格完全不同。

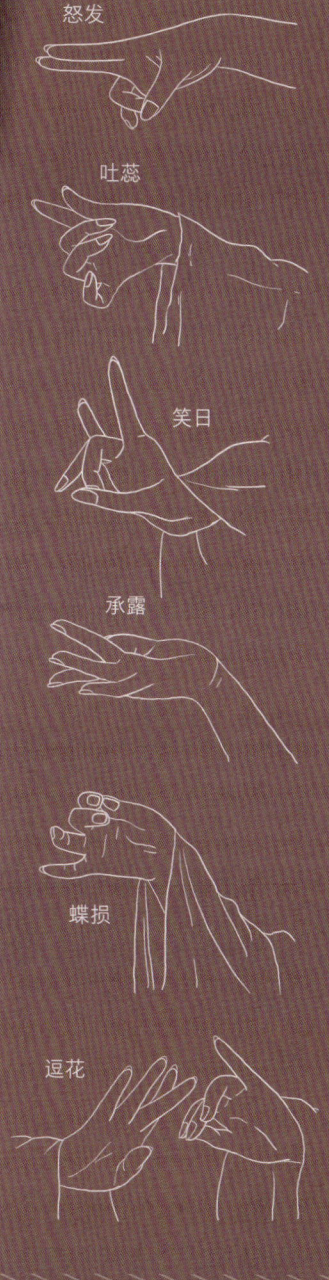

怒发 吐蕊 笑日 承露 蝶损 逗花

梅派艺术在不同剧目的人物表演中会运用不同的兰花指样式，每种手势都有一个诗意的名字。

非物质文化遗产 INTANGIBLE CULTURAL HERITAGE

纹样完全一致。褶是广泛使用的便服，多用于读书人、江湖英雄或者下层平民。除蟒、靠、帔、褶外的其他戏衣，统称为"衣"。

为了增强舞台艺术感，京剧服饰颜色大多鲜艳且明度高。京剧服饰色彩分为上五色——红、绿、黄、白、黑；下五色——紫、蓝、粉、湖、秋香。一人一色，以色彩分尊卑。

宁穿破，不穿错

京剧服饰是以明朝服装样式为基础发展出来的。京剧中的人物大多都有固定扮相，不同年龄、身份、性格，服饰各不相同。

按照款式，京剧服饰可以分为蟒、靠、帔、褶、衣。蟒是帝王将相等高贵身份人物的通用礼服，具有庄重感。《甘露寺》中的刘备、《击鼓骂曹》中的曹操穿的便是蟒。靠是舞台上的戎装，常见于军事统领、将军以及一些特定的英雄形象上。帔是对襟长袍，是京剧中帝王、官吏及其眷属的家居常服。"对儿帔"常用于夫妇之间，其色彩

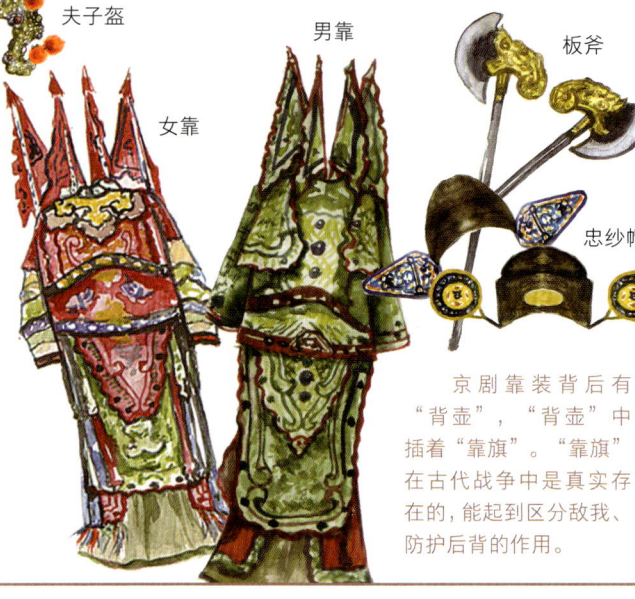

夫子盔　女靠　男靠　板斧　忠纱帽

京剧靠装背后有"背壶"，"背壶"中插着"靠旗"。"靠旗"在古代战争中是真实存在的，能起到区分敌我、防护后背的作用。

脸上功夫

京剧脸谱是一种具有中国民族特色的特殊化妆方法。通过色彩的不同，观众可以对剧中人物性格产生初步判断。

黄色脸谱常用来表现人物的凶狠残暴，如《战宛城》中的典韦。

蓝色脸谱通常代表勇猛且具有反抗精神的角色，如《锁五龙》中的单雄信。

红色脸谱代表的角色一般赤胆忠心、义薄云天，如三国戏中的关羽。

黑色脸谱人物拥有忠正、耿直的品格，如《打龙袍》等戏中铁面无私的包拯。

白色脸谱多用来表示阴险狡诈的人物，如《华容道》中的曹操、《打严嵩》中的严嵩。

京剧

非遗博览

如何叫好儿

民国时期，在京剧演出过程中，如果观众被演员们的表演所感染，会通过叫好儿或将钱币及各类金银首饰抛到台上的方式表示喜爱。现如今，虽然随意扔礼物到台上已经不提倡了，但叫好儿的习俗仍延续了下来。

叫好儿中大有学问。一是要喊对地方。演出前的是"尊重好"；演员上场门时的是"碰头好"；翻打摔舞等演出精彩之处的被称为"满堂彩"。如果在不当不正的地方胡乱喊好，不仅会打乱演员的节奏，还会影响旁边观众的体验。二是要注意发声位置，让"好儿"字从喉咙冲出。

与叫好儿并存的是"叫倒好儿"，指的是当演员在台上出现纰漏或差错时，观众故意鼓掌叫好儿的行为。

畅音阁是故宫十多座戏台中最大的一座。

福台
禄台
台

月琴
单皮鼓
笙

畅音阁共有福、禄、寿三层戏台，上演大型戏剧时可容纳上千名演员，热闹非凡。

舞台上的艺术

传统京剧舞台均为方形，由上场门、下场门和台幔组成。右侧为上场门，门框上写着"出将"，左侧为下场门，门框上写有"入相"。演员通常会伴随着锣鼓声从右侧的门上场，之后从左侧的门返回，而门框上的"出将入相"则有着盼望演员们成大器的寓意。

上下场门中间是具有衬幕作用的台幔。台幔之前、上下场门之间是京剧乐队。京剧乐队旧时被称为"场面"，便是因为它被设置在"场上正面"。乐队伴奏分为：为演唱伴奏的文场和配合身段动作的武场。其中文场的主要乐器有京胡、京二胡、月琴、弦子、笙等。而武场的主要乐器有单皮鼓、大锣、铙钹等。

现在的京剧演出通常设置在剧院内。舞台上不再设置上下场门，演员们会直接从侧幕上场。每一幕之间还会拉下幕布，留给演员更换场景的时间。

京剧也进行着多元发展。谭鑫培于1905年主演了电影《定军山》，该片与京剧结合，是中国人自己摄制的第一部电影，标志着中国电影的诞生。

25

非物质文化遗产 INTANGIBLE CULTURAL HERITAGE

古琴艺术于 2008 年被列入"人类非物质文化遗产代表作名录"

丝竹之音
推琴为首

古琴艺术

作为传统文化中的"四艺"之首，古琴的价值不仅仅在于制琴或弹奏本身，其背后所蕴含的精神文化底蕴是更为重要的东西。

古琴是中国最古老的弹拨乐器之一，又称玉琴、瑶琴、七弦琴，有"国乐之父""圣人之器"的美称。相传古琴最初只有五根弦，分别代表五行的金、木、水、火、土，又能够与宫、商、角、徵、羽五音对应。相传，周文王因思念儿子伯邑考，于是为古琴加了一根弦，称为"文弦"；周武王伐纣时，又为古琴加了一根"武弦"，史称"文武七弦琴"。文献中关于古琴的传说还有很多，虽然人们对于古琴的起源众说纷纭，但不可否认的是，在中国浩瀚的历史长河中，古琴在古人的艺术生活中扮演着非常重要的角色。

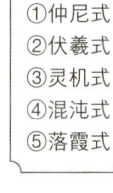

多样的形制

古琴的形制并不是一成不变的，它会根据琴师的审美以及琴师对琴音的需求产生变化。每一种形制的古琴，都会反映出琴师某一方面的思想。

古琴形制大致可分为三种：一类为圣人造琴，如伏羲式、神农式、仲尼式等；一类为文人造琴，如灵机式、混沌式、落霞式等；最后一类为帝王造琴，如襄王琴、潞王琴等。每种形制的古琴外形不同，音色也不尽相同。

①仲尼式
②伏羲式
③灵机式
④混沌式
⑤落霞式

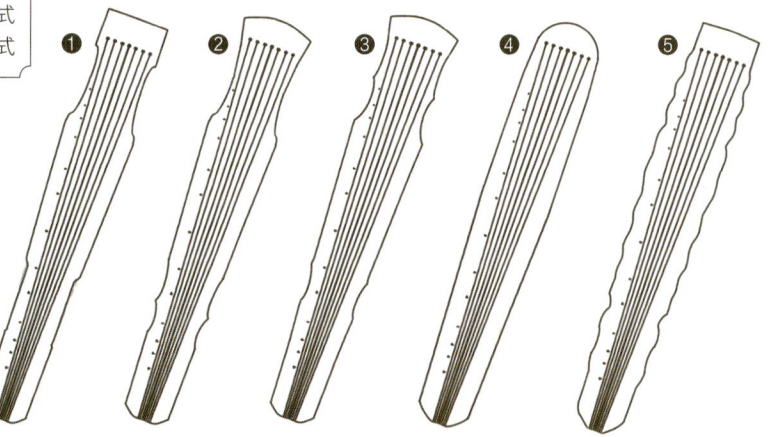

古琴艺术

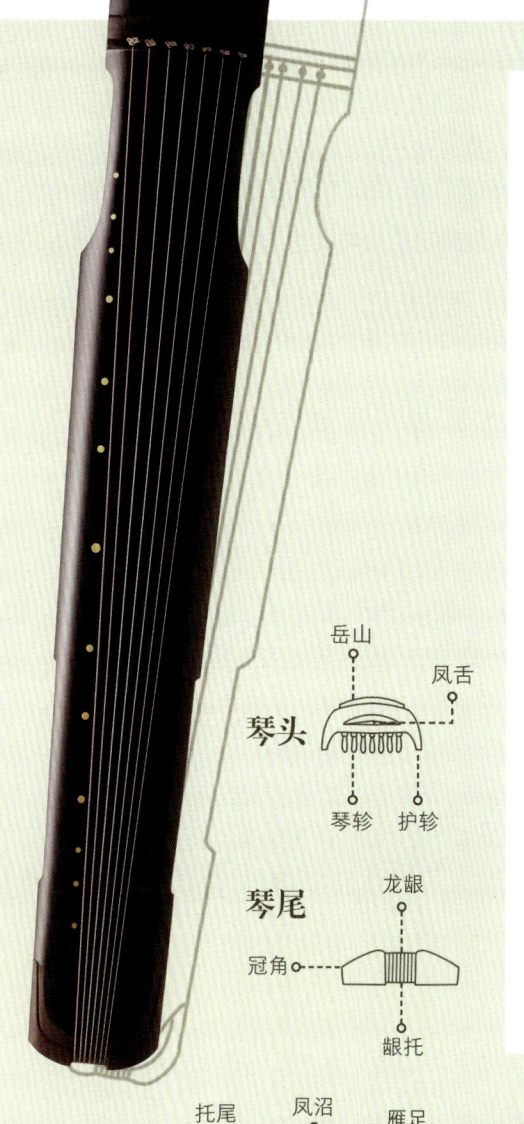

细看古琴

虽然古琴有不同形制，但其整体结构大致相同，分为额、项、肩、腰等部分，包括龙池、凤沼、岳山、护轸（zhěn）等构件。

为保证充分振动，琴面面板一般采用杉木等软木料，而琴底一般多用梓木等硬质木料。琴头上部称为额，额下方用以架弦的硬木是古琴最高的地方，被称为"岳山"。岳山附近有七个弦眼用以穿系琴弦，其下是用于调音的琴轸。琴头处还设有护轸，与雁足一同起到支撑琴身的作用。琴底的中部和尾部各有一收音孔，中部稍大的称为"龙池"，尾部偏小的称为"凤沼"，取有龙有凤之意，象征天地万物。

① 相传仲尼式为孔子所造，其造型简洁，除头部和腰部有两对凹陷外无其他修饰，体现了儒家的中庸思想。

② "伏羲见凤集于桐，乃象其形……制以为琴。"伏羲式弧度精巧，声音宽润悠远。

③ 灵机式造型灵秀优雅，故宫博物院中所藏的"大圣遗音"琴即为灵机式。

④ 混沌式受道家思想影响，造型简单，圆润古朴，取天地混沌初开之意。

⑤ 落霞式相传为古人见晚霞后所创，其造型变化感强，声音雄浑透亮，有水天相接的壮阔之感。

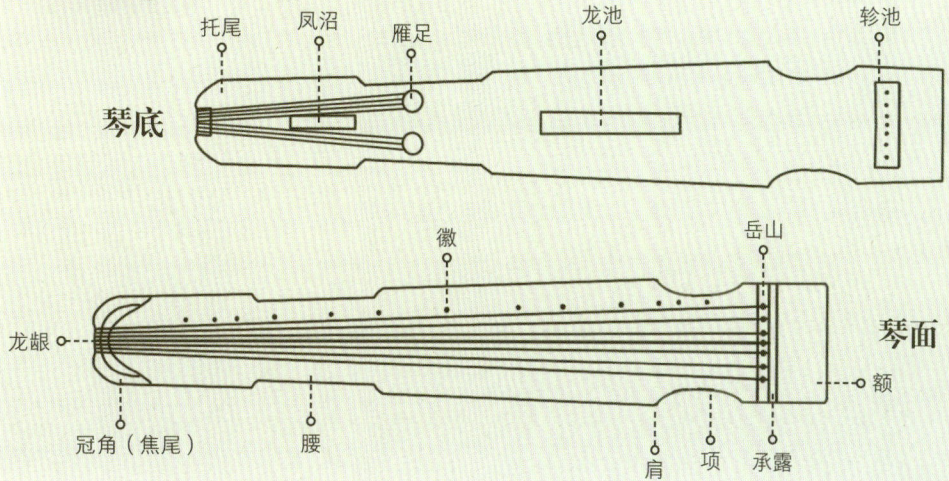

减字谱

在琴谱出现之前,学琴主要依靠师徒之间一曲一曲的口授心传。渐渐地,为了方便记忆,琴师们便将整首琴曲中的每个音用哪种指法、弹哪个徽位依次用文字的形式记录下来,这就是文字谱。文字谱既要记录左右手指法,又要标记音乐节奏和情绪,因此通常描述一个音就需要很多字,比如现存最早的古琴文字谱《碣石调·幽兰》中第一句的内容为:

耶卧中指上半寸许案商食指中指双牵宫商中指急下与勾俱下十三下一寸许住末商起食指散缓半扶宫商食指挑商又半扶宫商纵容下无名於十三外一寸许案商角於商角即作两半扶挟挑声一句

文字谱不管是记起来还是读起来都十分烦琐复杂,于是唐朝时,有人继承了文字谱的思想,将指法文字简化,并将简化后的减字进行组合,发明了减字谱。减字谱简单明了,其发明使得大量琴曲、琴谱得以流传至今。

通过减字谱,人们可以读出音位、弦序等信息,却无法明确读出节奏。就此,前人曾做过不少尝试。清代张鹤曾通过在纵向书写的减字谱旁加注的形式说明节奏,20世纪末也曾出现借助五线谱补充减字谱的方法。这些做法有效解决了节奏问题,但很多人认为这也会导致减字谱的传统谱式审美的丧失。

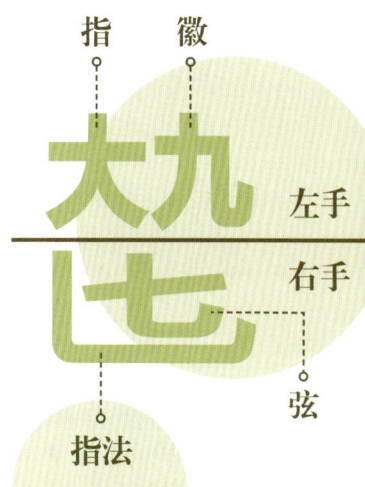

减字谱由指法减字和弦位徽位等组成。每个字上部分代表左手用指及所按徽位,下部分为右手指法和弦名。如上图大字代表的意思是"左手大指按七弦九徽,右手挑七弦"。

四指八法

在古琴演奏中,右手有八种指法,即抹、挑、勾、剔、打、摘、擘、托。这八种指法在古琴曲谱中使用最多,它们是右手指法的基础,也是古琴演奏中右手指法最重要的构成部分,因此,这八种指法被称为"四指八法"。

食指向内为"抹"、向外为"挑",中指向内为"勾"、向外为"剔",无名指向内为"打"、向外为"摘",大指向内为"擘"、向外为"托"。将这八种指法随意组合,就能构成右手其他指法,因此,"八法"对于古琴的学习十分重要。

古琴艺术

非遗博览

古琴十大名曲

千百年来，古琴留下了大量的传世曲谱，仅明清两代就出版了 150 多部以古琴减字谱记录的琴谱。迄今为止，历代古琴谱记载共计 3000 多首琴曲，除去同名不同版本的也有 600 多首。《潇湘水云》《广陵散》《高山流水》《渔樵问答》《平沙落雁》《阳春白雪》《胡笳十八拍》《阳关三叠》《梅花三弄》《醉渔唱晚》是流传最广的古琴十大传统名曲。这十首曲目风格各异：有的委婉哀伤，表达游子凄楚；有的开放洒脱，抒发对渔樵生活的向往；有的曲调激昂，展示出不惧死亡的气节……但无论什么风格，在低沉深远的古琴琴音的渲染下，都同样具有打动人心的强大力量。

三种音色

除右手的"四指八法"外，古琴还可以通过不同指法塑造出三种不同的音色——泛音、散音和按音，这三种音色相互协调，造就了古琴音质古朴绵长、余味无穷的特点。

泛音

泛音是以左手轻触徽位的同时右手配合弹奏发出的。泛音空灵清冷，隐约可闻，犹如天籁之音，因此又被称为"天声"。

散音

散音是指左手不压弦而只用右手弹奏的空弦音，声音深厚有力，就像大地一样坚固，因此被称为"地声"。

按音

按音是以左手按琴弦，右手同时弹奏发出的，其声音婉转悠扬，似人在吟唱，因此又被称为"人声"。按音可通过移动按指、改变弦长的方式改变音高。

三种音色相互配合，才能创造出风格多变、情感丰富的古琴曲。

非物质文化遗产 INTANGIBLE CULTURAL HERITAGE

中医针灸于 2010 年被列入"人类非物质文化遗产代表作名录"。

针灸医学最早见于《黄帝内经》，该书是现存最早的中医理论经典著作，被视为中医学奠基之作。

拔罐是一种古老的治疗方法，常与针灸结合运用，初时以兽角为罐具，故古称"角法"。

揭开中医针灸的神秘面纱

中医针灸

从使用砭（biān）石到完善针具，从利用火种到研究出艾灸疗法，作为古人智慧的结晶，中医针灸在中华民族文化传承发展中占有重要地位。

中医针灸是中国传统医学独具特色的疗法之一，由针法和灸法组成。针法起源于新石器时代，那时的原始针刺工具由石器制成，被称为"砭石"。原始社会的人类，由于居住环境阴暗潮湿，又经常需要与野兽搏斗，因此身体经常出现疼痛。出于本能，他们会用手去拍捶痛点，或借助石头、骨头等去按压或放血缓解痛苦。《山海经》中有记载："高氏之山，有石如玉，可以为针。"这便是远古人类使用砭石的佐证。

灸法的出现与火的使用密切相关。原始社会的人类学会用火后，发现烤火取暖可以消除某些疾病，于是人们从点燃植物枝叶烘烤身体缓解不适，逐渐发展为用兽皮包裹烧热的石块对局部进行热熨，这被认为是灸法的起源。

中医针灸

针灸二法

针灸中的针法是指在中医理论的指导下，通过捻转、提插等操作手法，把针具按照一定角度刺入患者穴位，从而治疗疾病的方法。由于用途不同，针具的形状也各不相同，大多由传统针具演变而来。比如临床中最常用的是毫针，其形状细长尖锐，适用于全身各处穴位。芒针由"长针"演化而来，可用于深刺或透刺。

灸法则使用燃着的艾条，在人体体表的一定穴位灼烧、熏熨，通过给身体加以热刺激来预防和治疗疾病。灸材的选择多样，但以艾叶制成的艾绒最为常用，据说这与远古时期人们常常使用艾绒作为引火材料有关。

大针 长针 毫针 圆利针 铍针 锋针 鍉针 圆针 镵针

传统针具包括镵（chán）针、圆针、鍉（chí）针、锋针、铍（pí）针、圆利针、毫针、长针、大针九种，俗称"九针"。

医家们发现，刺激穴位不仅可以缓解局部病症，还可以治疗一些远处部位的病症，这是由于主治范围相同的穴位往往有规律地排布在同一经络。

针灸理论与经络学说

古代医家发现当用工具刺激一些部位时，被刺者会产生酸麻胀痛的针感，且这种针感会沿一定线路向身体远端传导。医家们因此断定人体内存在复杂且富有规律的通路，并将这些通路命名为"经络"。经络由经脉和络脉组成，是人体内运行气血、沟通内外、贯穿上下的通络。针灸理论认为，人体内存在由经脉和络脉组成的经络网格系统，用针灸方式对穴位进行的刺激可以通过经络系统传至全身，从而达到平衡身体机能、调整气血甚至预防疾病的功效。

少商 鱼际 太渊 经渠 列缺

使用最广泛的施灸工具是艾绒制成的艾炷和艾条。用艾炷和艾条灸穴位可以起到温经散寒、消瘀散结等功效。

现如今，温灸筒、温灸盒等灸具被发明出来，相比传统灸具，这些灸具有着灸火集中、烟尘较少、安全且节省人力的优点。

非物质文化遗产 INTANGIBLE CULTURAL HERITAGE

珠响越千年
算方传四海
中国珠算

"古人留下一座桥，这边多来那边少。
少的倒比多的多，多的倒比少的少。"

上珠
位于横梁上方、用于计数的珠子，一颗代表5。

档
用来串连珠子的细杆，穿过横梁连接到上下边框。

下珠
位于横梁下方、用于计数的珠子，一颗代表1。

中国珠算于2013年被列入"人类非物质文化遗产代表作名录"。

导语中为中国流传很广的一道谜语，其谜底是一种非常古老的计算工具——算盘。珠算则是以算盘为工具进行加、减、乘、除及乘方、开方运算的一种计算技术。算盘呈长方形，通常由框、梁、档、珠四个基本部分组成。

中国珠算

框
算盘四周的木框,分为上、下、左、右四边。

梁
算盘中间偏上连接于左右边框,用于分开上、下珠的一条横木。经过改进后,有的算盘会在梁上标注一些记位点,方便记数和看数。

"珠算"一词最早见于汉代徐岳的《数术记遗》,书中关于珠算是这样描述的:"珠算,控带四时,经纬三才。"后世有人对此进行了注释说明,即"把木板刻为三部分,上下两部分放置游珠,中间一部分用作定位。每位五颗珠,上面的游珠一颗代表5,下面的游珠一颗代表1,上下游珠颜色不同"。虽然这与后来人们常用的算盘不一样,但这种游珠算板通常被认为是穿珠多档算盘的前身。元代时,出现了算盘主题的诗句,一些图画、元曲中也提到了"算盘"一词,这说明元代时算盘已经被应用于生活中。明朝程大位编纂了对算盘用法及珠算理论进行了系统介绍的《算法统宗》,自那时起,运用算盘进行珠算的方法开始广泛流传于全国各地。

珠算以前的世界

原始时代的人们需要每天外出狩猎或采集果实来维持生命,每次带回食物的多少使人们逐渐有了数的概念。

① 一开始,人们习惯用手指计数。

② 后来人们发现用手指计算,其范围有限,结果也无法保存,于是开始使用石子等作为工具代替手指进行计算。

③ 在算盘被发明之前,人们使用的是算筹,这是一种辅助运算的工具,通常用竹子、石头、兽骨等材料制成。算筹表示数目有纵横两种方式,每个数字也都有自己的表示方法。

最早人们认为算盘发明于元代,后来人们在北宋风俗画作品《清明上河图》中赵太丞家发现了算盘,这表明算盘发明的时间可能不晚于宋代。

非物质文化遗产 INTANGIBLE CULTURAL HERITAGE

拨珠指法

珠算运算需要兼顾拨珠计算与持笔记录结果,因此计算的速度与拨珠和记录的熟练程度直接相关。珠算拨珠法要求手指与手指之间既分工又协作,十分考验手指的灵活性。

对于大、中型算盘,一般使用三指拨珠法。该方法使用拇指、食指、中指三个手指拨珠,无名指、小指自由向掌心弯曲。单指独拨时,拇指主要负责下珠靠梁,食指主要负责下珠离梁,中指负责上珠离梁和上珠靠梁。在熟练掌握这些单指指法后,为了减少拨珠次数、提高计算效率,人们会使用两指联拨和三指联拨,有时还会使用双手拨珠法。但这些都需要在熟练掌握基本指法的前提下进行,否则只会事倍功半。

"开盘""清盘""收盘"等词也来自珠算术语。

珠算四则

在珠算的四则运算中,加减法是基本方法,同时也是乘除法的计算基础。每种运算都有自己的运算口诀,用以提高运算效率,比如加法的"一上一""三下五去二",减法的"一去一""六退一还四"等。很多民间俗语都与珠算口诀密切相关,比如"会打小九九"表示私心重,"二一添作五"表示双方平分,"一推六二五"表示将责任推得干干净净。

珠算大师和《算法统宗》

安徽省黄山市屯溪区屯光镇的前园村被称为"中国第一珠算村"。前园村之所以能够得此称号,是因为珠算大师程大位诞生在这里,他的巨著《算法统宗》编纂于这里。

程大位的《算法统宗》是中国古代数学史上印行数量最多、流传最广、影响最广泛的著作之一。其以珠算知识的详备著称于后世,集珠算算法之大成,对珠算知识的普及影响巨大。

前园村还拥有中国第一座公办珠算博物馆,我国关于"中国珠算"申报"人类非物质文化遗产"的倡议,最早也是从这里发出的。

中国珠算

非遗博览

中国古代数学重要成就

十进制
商代甲骨文和周代钟鼎文中已见一、二、三、四、五、六、七、八、九、十、百、千、万这十三个数字记数,这说明此时古代数学家们对十进制的运用已十分熟练。

《周髀算经》
中国数理天文学著作。书中通过商高、荣芳和陈子之间的对话阐述了数学方法在测天量地、制作历法中的作用。

《九章算术》
该书分九卷,收录了约 90 条抽象性公式和算法,246 个数学问题,其中提到的分数理论、盈不足术、开方法等都为数学学科的发展奠定了基础。

圆周率
南北朝时期杰出数学家和天文学家祖冲之首次将圆周率精算到小数点后第七位,这一数值在当时是最精确的。

珠心算

珠心算,全称为"珠算式心算",这种方法摆脱了算盘实体,仅通过珠算的方法将抽象的数字转换为直观的算珠图像后在脑中进行加、减、乘、除等运算。珠心算是珠算的发展与延伸,如果想要学习珠心算,就要先学习珠算的运算方法。很多专家认为,珠心算练习是开发智力的有效训练方式。

世界上最古老的计算机

算盘有着"世界上最古老的计算机"的称号。在算盘与珠算被发明后,人们对于计算工具的探索并未停止。1642 年,法国数学家帕斯卡发明了人类历史上第一台机械式计算工具——帕斯卡加法器,这种机器可以通过转动齿轮的方式来实现加减法运算。紧接着,德国数学家莱布尼茨对帕斯卡加法器进行了改进,研制出了一台能进行加减乘除四则运算的机械式计算器,这种计算器用手摇的形式代替了原来拨动齿轮的操作。之后,随着电力工具的发展,电子计算器出现了。虽然当时小型电子计算器还未普及,但相比之前的计算器,运算速度快和运算精度高两大特点已经使其受到大众青睐。除此之外,自 1946 年问世以来,电子计算机也在代代更新,它的功能已经不只计算一种,它几乎渗入人类所有领域,为整个社会带来便利。

虽然在现代社会,珠算和算盘几乎被计算器和计算机完全取代,但其与计算机一脉相传的思想内核仍是古人智慧的结晶,需要受到尊重与保护。

世界第一台机械式计算工具 帕斯卡加法器

为了纪念第十届国际会计师会议在国内召开,澳大利亚曾在 1972 年发行过一枚算盘邮票。邮票采用了算盘和计算机元素,并将交融处的线路设计成手指形状,展示了算盘与计算机之间的密切关系。

非物质文化遗产　INTANGIBLE CULTURAL HERITAGE

器出东方
不灭窑火

龙泉青瓷传统烧制技艺

龙泉青瓷产于浙江省龙泉市，
独特的烧制技艺
和纯净细腻的釉色
使其受到众多人的追捧。

　　龙泉青瓷是具有中国特色的传统瓷器珍品，其发展可以分为五代到北宋早期、北宋后期到南宋及元代以后三个阶段。

　　五代到北宋早期，龙泉窑借鉴和吸取了越窑和瓯窑的瓷器烧制技术，开始尝试制作青瓷。由于当时社会时局动荡，龙泉此时又属于吴越国的领地，因此这一时期的龙泉瓷多用于满足吴越国向北宋朝廷进贡的需要，这为龙泉窑的发展带来了新的契机。

　　北宋后期，战争不断，政局动荡。北宋覆灭后，政治、经济、文化中心逐渐南移，这时的龙泉窑逐渐形成了自己的风格。南宋时期，龙泉烧瓷技术得到了进一步的提高，粉青釉和梅子青釉的烧制成功也反映了当时人们审美和鉴赏水平的提高。这一时期，龙泉青瓷正式走上外销之路，影响了朝鲜和日本以及欧洲的青瓷烧制。

　　元代，由于统治者的审美偏好，龙泉青瓷的风格由轻薄转为厚重，虽质量不及从前，但出口数量不断增加。明代之后随着海禁条例的实施，瓷器销量开始下降，至清中叶，盛极一时的龙泉青瓷就此没落。

龙泉青瓷传统烧制技艺于2009年被列入"人类非物质文化遗产代表作名录"。

龙泉青瓷传统烧制技艺

哥窑和弟窑

龙泉青瓷从风格上可以划分为"哥窑"和"弟窑"两类，二者各有千秋。哥窑出现于南宋中晚期，是宋代五大名窑之一，其所产瓷器特点是胎薄如纸，釉厚如玉，釉面布满纹片，紫口铁足，胎色灰黑，造型古朴。弟窑瓷器则胎白釉青，釉色以粉青、梅子青为最，豆青次之。弟窑在南宋中晚期兴起，所产瓷器大多用青翠的釉色搭配橙红底足或露胎图形。

该图为民国龙泉窑青瓷瓶。民国时期，由于一些有识之士对龙泉青瓷依然保有热情，龙泉青瓷传统烧制技艺得以传承，龙泉青瓷的生产步入复苏期。

南宋 龙泉窑青釉刻款莲瓣式盘

元 龙泉窑青釉点褐彩匜

除了"哥窑""弟窑"之分，不同历史时期的龙泉青瓷也各有特点，如北宋早期的龙泉窑主要烧制以淡青色为主的釉瓷，元朝时期龙泉瓷器大多形制端正，釉厚色青，造型高大。

非遗博览　**陶器和瓷器的区别**

瓷器是在陶器的基础上演变而来的。陶器用黏土做坯，在经过一系列加工后放入窑内烧制而成。而瓷器通常以高岭土为材料，高岭土是一种黏性矿物，有着耐高温、稳定性好、可塑性强的特点，龙泉地区便分布着大量高岭土。

传统烧制过程

龙泉青瓷釉色柔和清澈，胎质晶莹剔透，几百年来在国内外都享有很高的声誉，其成功秘诀一是釉料与胎土的配置秘方，二是精湛的烧制技艺。

① **原料准备**

胎土和釉料的恰当搭配是保证龙泉青瓷质量的关键，原料品质也会对青瓷可塑性产生影响。

② **练泥**

将原材料处理成粉末状后淘洗除杂质，待其沉淀后用水调和泥块，并用手搓揉，制成胎泥。

③ **成型**

包括拉坯、修坯、素烧等工序。其中素烧是为了提高坯的强度，施釉时坯体吸水不会变形。

④ **施釉**

不同形制的青瓷有不同施釉技法，具体包括荡釉、浸釉、浇釉和蘸釉等。有些厚釉类产品需要施釉十层以上，才能进入正烧。

⑤ **烧窑**

将施釉后的半成品装入匣体后放入瓷窑烧制。传统龙泉窑结构相对简陋，通常以植物为燃料，通过人眼观察控制温度。

入窑一色，出窑千彩

釉，既是龙泉青瓷最为典型的特色之一，也是其发生"窑变"的原因。由于传统龙泉窑在烧制过程中温度很难控制，容易忽高忽低，因此釉水中的物质会发生不同程度的氧化还原反应，从而产生不同颜色的龙泉青瓷。粉青、梅子青、天青、蟹青、龙泉黄、米黄等，这些都是龙泉青瓷的传统釉色，再搭配上燃烧产生的烟灰杂质所造成的色泽、光亮度的变化，这才使得龙泉青瓷具有了"入窑一色，出窑千彩"的特点。

除颜色不同，龙泉青瓷的纹理也各不相同，包括冰裂纹、鱼子纹、蟹爪纹等，其中冰裂纹是最受欢迎的纹理之一。这种如冰破裂一般的纹理是利用瓷胎的膨胀系数比胎釉的大制成的。

龙泉青瓷传统烧制技艺

依山而建

生产龙泉青瓷的瓷窑，名为龙泉窑，是中国历史上烧制时间最长、窑址分布最广、生产规模和外销范围最大的历史名窑之一。据统计，整个龙泉地区龙泉窑数量多达300处。瓷窑内的窑炉主要分为窑头、窑尾和窑床三部分，整个龙泉窑依山而建，如长龙蛰伏山坡。

窑头面积最小，有利于温度集中。窑头的火焰会借助窑内热空气将窑火向前运送，与此同时，坡度为火焰提供抽力，使其能够更好地控制温度、调节火焰。

窑尾建在半山腰，一是可以借助倾斜地势所形成的气压差将窑内烟气迅速排出，二是可以降低窑内热损失，大大提高烧制效率。

为了更好地控制温度，有些窑炉会用挡火墙隔出多个窑室。挡火墙通常每隔五六米设置一组，每组由两面墙组成。前墙上部呈圆弧状向前并与窑顶相连，利于火焰倒流。同时在前墙下部设置吸火孔，后墙不到窑顶，利于火焰翻墙而过。将火焰像这样由平焰变为倒焰后，窑室内温度更加均衡，青瓷烧制的成功率更高。

龙泉青瓷与3D打印技术

传统手工制作的龙泉青瓷受传统对称式审美习惯的影响，具有规范化的特点，其器形多由曲线构成，几何器形的龙泉青瓷则较为罕见。这是因为几何造型在手工塑形时困难重重，烧制过程中发生的形变会影响瓷器整体造型。

现如今，人们逐渐将3D打印技术运用在龙泉青瓷的制作过程中。首先对造型进行创新设计后确认方案、绘制草图，之后使用计算机建模软件进行三维建模，建模完成后再导入切片软件中进行切片处理，之后就可以用3D打印机开始打印。打印时需要根据打印速度、泥料的干湿程度等因素随时调整气压。打印完成后，一般两天左右就可以进行修坯、素烧、上釉等工序。

将3D打印技术融入传统龙泉青瓷烧制技艺可以轻松打印出含有几何元素的青瓷造型，这既保留了传统龙泉青瓷材料、工艺等方面的优点，又能够适应审美观念的时代变化，有利于龙泉青瓷的传承和发展。

3D打印是一种新型的增材技术，其以数字模型文件为基础，运用塑料、树脂、橡胶、金属或陶瓷等原材料，通过打印一层层黏合物质来制造三维物体。3D打印技术无需机械加工或模具便能够直接依据计算机图形数据生成任何形状的物体。目前这项技术已应用于珠宝、工业设计、建筑、航天航空等多个领域。

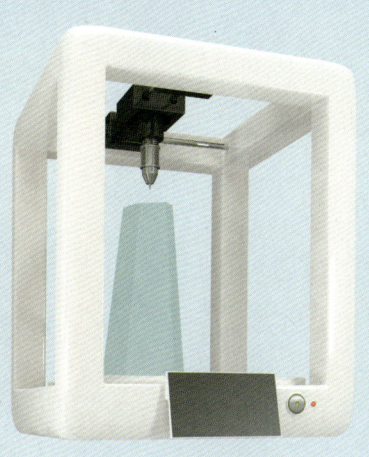

非物质文化遗产 INTANGIBLE CULTURAL HERITAGE

二十四节气于2016年被列入"人类非物质文化遗产代表作名录"。

不同于雕版印刷、中医针灸等其他非遗项目,二十四节气不是某种技艺,而是一种特殊的人类时间经验框架。

且喜人间好时节
二十四节气

二十四节气

二十四节气是古人对自然与物候的观察和认识。我们的祖先在很早以前便将四季变化、农作物生长的直观体验与天体的运动规律相联系。专家们通常认为二十四节气萌芽于新石器中期，在经过了4000多年的演变后，于西汉初年完全建立，并逐步指导着人们的生产生活。可以说，是具体的生产和生活经验构成了二十四节气丰富多彩的内容。

近代一般以阳历3月到5月为春季、6月到8月为夏季、9月到11月为秋季、12月到次年2月为冬季，但这种四季分法仅适用于四季分明的温带和副温带地区，有一些地区不以四季划分季节。马尔代夫位于热带地区，无四季之分。印度一年分凉季、暑季和雨季。

非遗博览

不一样的四季

地球围着太阳公转一圈约为一年。人们将地球绕太阳公转的轨道平面与天球相交的圆称为黄道。将黄道平分为24份，从春分点，也就是黄经0°开始，地球每走过15°便为一个节气。

二十四节气与七十二候

"春雨惊春清谷天，夏满芒夏暑相连。秋处露秋寒霜降，冬雪雪冬小大寒。"这是人们为了方便记忆，从立春、雨水、惊蛰、春分、清明、谷雨、立夏、小满、芒种、夏至、小暑、大暑、立秋、处暑、白露、秋分、寒露、霜降、立冬、小雪、大雪、冬至、小寒、大寒二十四节气的名称中各取一字加以组合编出的节气歌谣。在二十四节气的基础上，人们还将每个节气进一步细分为三候，一年共有七十二候，每一候用某种动物，或气象，或植物的变化来表示。以立春为例，"立春三候"指的是"初候东风解冻，二候蛰虫始振，三候鱼陟负冰"。大致意思是：初候时东风送暖，大地开始解冻；五天后二候时蛰居的虫类开始苏醒；到了三候，河里的冰开始消融，鱼儿向水面游时，就像是背负着浮冰一样。古人在很长一段时间里，就是依靠这种物候作为农事生产的时间依据的。

四季的变化与地球公转有关。由于地轴是倾斜的，当地球处于公转轨道的不同位置时，同一个地方受到太阳照射的情况不同，接受到的太阳光热也不同，这就是季节的变化。当太阳直射南回归线时，北半球处于冬至节气；当太阳直射北回归线时，北半球处于夏至节气；当太阳直射赤道时，则处于春分或秋分节气。

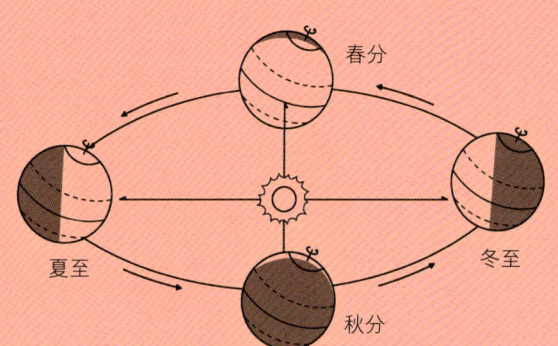

民俗大不同

民俗文化是指人们在长期的生活劳动和社会实践中形成、共享、世代相传的富有地域特色性的行为规则或风俗习惯，民俗活动则是民俗文化的具体表现。不同节气有不同的民俗活动，不同地区的人们也都有能够适应当地物质生活方式的特色娱乐形式。这些丰富多彩、代代传承的民俗活动持续性地对人们的物质生活和精神生活产生影响，既寄托着人们对美好生活的憧憬与向往，充实着人们的生活，同时也促进了人与人之间的相互沟通，传递了数千年积攒的文化内涵。

- 有些地方会在立春时举行塑春牛、鞭春牛活动，以象征春耕的开始。
- 春分时，一些农家为了防止鸟雀偷吃庄稼，会煮一些没有馅的汤圆，俗称"粘雀子腿"。
- 清明时节，许多地区有将柳条插于门上的习俗，意味着迎接春天、辟邪之意。

- 浙江一些地区会在立夏吃乌米饭，据说这样夏天就不会被蚊子咬。
- 芒种日，有些地区会举行送花神归位的活动，既为恭迎夏至，也表达对来年与百花再次相会的期盼。
- 小暑时节，山东一些地区有给牛改善饮食的传统。

- 由于人到夏天会因为天气热而胃口不佳，导致体重下降，因此每到立秋这天，有些地区会烹饪各种肉食，以肉贴膘，俗称"贴秋膘"。
- 古人认为农历七月中旬的鸭子最为肥美营养。处暑这天，老北京人都会去买处暑百合鸭，而江苏地区，做好鸭子菜后会端一碗送给邻居，正所谓"处暑送鸭，无病各家"。

- 立冬前后，浙江绍兴地区会开始投料，准备制作黄酒，绍兴人把这段时间称为"冬酿时节"。
- "冬至不端饺子碗，冻掉耳朵没人管。"由于饺子和耳朵形状相似，因此每逢冬至，有些地区会吃饺子消寒，防止耳朵冻伤。

诗词里的节气

很多诗人曾通过诗词抒发感情，留下了很多与二十四节气相关的诗句，反映内容既包括节气中的自然场景和民风民俗，也包括诗人见到此情此景的个人感受。比如元稹的"阳气初惊蛰，韶光大地周"、杜牧的"清明时节雨纷纷，路上行人欲断魂"以及仇远的"明朝交白露，此夜起金风"等。

除诗词外，画家们也时常以节气为主题进行创作。在这个主题下创作出的作品大多生动且富有生活气息，图为《雍正十二月行乐图》局部，画中的女子正在荡秋千，这正是清明节气的习俗。

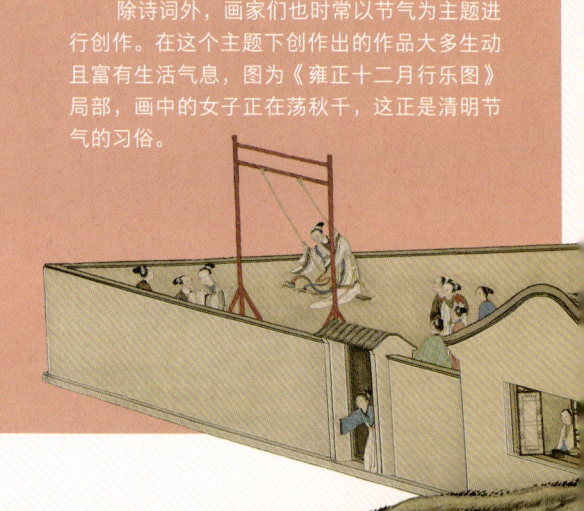

二十四番花信风

从小寒到谷雨是冬去春来、万物复苏的时候，这段时间包括八个节气、二十四候，每候都有某种花开放。应花期而吹来的风，即带有开花音信的风候，共有二十四番，因此被称作"二十四番花信风"。

小寒	一候梅花 二候山茶 三候水仙
大寒	一候瑞香 二候兰花 三候山矾
立春	一候迎春 二候樱桃 三候望春
雨水	一候菜花 二候杏花 三候李花
惊蛰	一候桃花 二候棣棠 三候蔷薇
春分	一候海棠 二候梨花 三候木兰
清明	一候桐花 二候麦花 三候柳花
谷雨	一候牡丹 二候荼蘼 三候楝花

第一

立春是二十四节气中的第一个节气，意味着新一轮的四时更替。

0°

春分时，太阳到达黄经0°。此时太阳直射赤道，地球上白天和夜晚时间几乎等长，都是12小时。

三伏

小暑后，再过不久就进入了三伏天。"头伏饺子二伏面，三伏烙饼摊鸡蛋"是有些地区的伏天民谣。

数说二十四节气

三节

"清明时节，麦长三节。"清明时节降雨有助于小麦拔节，快速生长。

九九消寒图是冬至后计算春暖日期的方式之一，其中文字式样包括"庭前垂柳珍重待春风"九字，每字九划，共八十一画，从冬至开始每天按照笔画顺序填充一个笔画，等到春回大地之时，消寒图就完成了。

八十一

四忙

"秋收四忙：割、打、晒、藏。"立秋后多数谷物开始成熟，繁忙的秋收生活开始了。

多姿多彩的民族歌舞文化

中国朝鲜族农乐舞、蒙古族长调民歌、蒙古族呼麦歌唱艺术、新疆维吾尔木卡姆艺术、花儿、侗族大歌、藏戏，无一不展示了各民族所特有的地域风情。

民族歌舞是我国非物质文化遗产中非常重要的组成部分，表演者可以通过歌舞的形式，生动地展现其民族历史、文化传统以及生活方式。

无论是脱胎于祭祀与狩猎活动的中国朝鲜族农乐舞、来自蒙古族草原的呼麦与长调、悠扬婉转的侗族大歌，还是戴着面具表演的藏戏、集歌舞乐于一体的新疆维吾尔木卡姆艺术和民歌盛会花儿，都是中华民族展示多元文化魅力的重要窗口。

中国朝鲜族农乐舞于 2009 年被列入"人类非物质文化遗产代表作名录"。

中国朝鲜族农乐舞

位于吉林省东部的延边朝鲜族自治州素有"歌舞之乡"的美称,农乐舞便是其代表性传统舞蹈之一。

农乐舞俗称"农乐",其起源可追溯于中国古代朝鲜族的宗教仪式,之后随着农耕时期水田劳动的发展,农乐舞逐渐发展为融合了音乐、舞蹈、演唱等多种形式的民族艺术。

演出时,各个村寨都会派出自己的舞队。舞队最前方是打旗人,其通常挥舞着一面写有"农业为天下之本"的旗帜,尽显丰收的氛围。跟在打旗人后面的是打锣者。锣是整个乐队的总指挥,所有乐器都要跟随它的节奏。伴着各类乐器,舞队中的舞者开始了他们的表演。舞曲节奏欢快又种类多样,充分展示了朝鲜族人民的精神风貌与民族气质。

象帽舞

象帽舞是农乐舞中的重要形式之一。将一条彩带固定在帽子顶端,随着表演者头部及身体的摆动,彩带就会呈现出不同的形态。相传在古代,朝鲜族人经常会受到野兽的伤害,为了解决这个问题,人们将象毛插在帽子上,以此起到震慑野兽的作用。象帽舞又分为"长象帽""中象帽""短象帽""火花象帽"等,不同的形式有不同的技巧,都具有极高的观赏性。

长鼓舞

长鼓舞源于农乐舞中的个人表演,舞蹈要求表演者手持长鼓,并在表演过程中敲击两端鼓面。两端鼓面音高不同,加上表演者敲击的节奏有所不同,因此长鼓舞伴奏声音也变化多样。长鼓舞要求表演者身、鼓、神三者合一,最开始以男性独舞为主,之后渐渐又发展出了女性独舞、双人舞及长鼓群舞等,各有韵味。

蒙古族长调民歌

长调是蒙古语"乌日汀哆"的意译，是蒙古族的一种独特唱法。早在 1000 多年前，蒙古族的祖先从山林地带向高原地区迁徙，并将生产方式从狩猎改为畜牧业，蒙古族长调民歌便产生了。这种民歌表达形式是北方草原游牧民族在劳动中创造的，其内容大多以自然为主，主要歌颂草原骏马、蓝天白云等与草原生活息息相关的事物。长调民歌在蒙古族社会生活中是非常重要的存在，每到那达慕大会、婚礼、乔迁等喜庆日子，蒙古族人民都会唱起长调民歌。

马头琴

长调民歌除了要求表演者有天然的好嗓子和歌唱技巧外，还需要蒙古族民间拉弦乐器马头琴的配合。马头琴一般由琴手就地取材制成，它的声音深沉苍凉，能够准确表达出辽阔草原、呼啸狂风等意象，是蒙古族长调民歌最好的演奏乐器之一。在传说中，马头琴的琴箱、琴杆、琴弓杆皆由马骨制成，琴箱正反面用马皮蒙住，琴弦和琴弓毛则由马尾制作。

诺古拉

长调民歌变化多样，时而低沉浓重，时而激昂高亢，除了词少腔多、即兴创作、大量采用装饰音以外，蒙古长调民歌最主要的特色唱法是"诺古拉"，即蒙古式颤音。这种唱法通过口与咽腔之间的两三次闭合运动构建颤音，使长调听起来律动感更强，更能表达身处草原，眼望四方，四方皆空旷的开阔心境。

蒙古族长调民歌于 2008 年被列入"人类非物质文化遗产代表作名录"。

蒙古族呼麦歌唱艺术

呼麦是蒙古族的另一种独特唱法，又称"喉音唱法""双声唱法"，其最大特色就是需要表演者利用喉咙、鼻腔、口腔及胸腔等部位的配合，同时唱出音高距离六个八度的高、低两音，其中高音明亮激昂、具有强大的穿透力和音乐表现力，低音则浑厚有力，深邃且富有张力，是高、低音的同时出现成就了呼麦丰富多样的声音效果。

呼麦唱法难度极高，对于表演者的要求也很高，如果练习方式不正确，甚至会对表演者喉咙造成伤害，因此这种唱法在内蒙古一度失传。内蒙古的文艺工作者们曾为了不让这一声音技巧失传而专门深入探访学习，这才使得呼麦有了发展的机会。现如今，很多呼麦歌手都在以自己的方式传承着这项技艺，他们中有的人将原生态呼麦双声唱法与现代元素结合，使呼麦的受众扩大，将民族音乐以全新的姿态展示给了世界。

蒙古族呼麦歌唱艺术于 2009 年被列入"人类非物质文化遗产代表作名录"。

新疆维吾尔木卡姆艺术

新疆维吾尔木卡姆艺术是一种集歌、舞、乐于一体的大型综合艺术形式,是广泛流传于中国新疆的各种木卡姆的总称。其唱词包括哲人真理、乡村俚语、民间故事等方面,既有脱胎于民间歌谣的部分,也有由文人创作而成的作品,充分反映了维吾尔族人民的生活和社会风貌。新疆维吾尔木卡姆艺术分布地区广、种类繁多,因此出现了一系列带有地域特色的套曲,每种套曲风格各异,但都由复杂的调式、节拍以及多种伴奏乐器组合而成,展示出鲜明的民族特色。

十二木卡姆

十二木卡姆是新疆维吾尔木卡姆的主要代表,也是维吾尔族人民最喜爱的艺术形式之一。十二木卡姆由十二套大型乐曲组成,每一部又分为三大部分,全部唱完十二木卡姆大约需要20个小时。2007年成功发射升空的"嫦娥一号"卫星搭载了32首歌曲,经过长达38万公里的漫漫旅程抵达月球上空。《十二木卡姆选曲》便是这32首曲目之一。

吐鲁番木卡姆

新疆著名自然景观火焰山脚下有一座木卡姆村,这座村庄因吐鲁番木卡姆得名。吐鲁番木卡姆有《拉克木卡姆》《且比亚特木卡姆》等11部套曲,完整演奏一次大约需要10个小时。

新疆维吾尔木卡姆艺术于2008年被列入"人类非物质文化遗产代表作名录"。

花儿

花儿于 2009 年被列入"人类非物质文化遗产代表作名录"。

花儿，因歌词中将女性比喻为花朵而得名，是广泛流传在中国西北地区的一种山歌形式。其唱腔高亢悠长，唱词淳朴浩繁，按照内容可分为情歌、生活歌和本子歌，具有浓郁的抒情性。花儿曲调被称为"令"，有大令、小令之分。大令旋律悠扬，结构清晰，常使用真假声交替的方式。小令节奏固定但乐段之间变化较大，多用真声演唱。

莲花山花儿会

"花儿会"是广大西北地区每年都会举行的民歌竞唱活动，莲花山花儿会便是其中的代表。相传，在很久以前，莲花仙女爱上了一位人间的少年，天神闻之大怒，于是将其贬下凡间化为莲花山。人们为莲花仙女修了一座庙，没想到庙建好时，莲花上竟然出现了一对男女，还传来悠扬的歌声。后来，人们为了纪念他们，便将每年农历的六月初一到初六定为"花儿会"。

每逢"花儿会"，莲花山地区的群众便会自发组织民歌盛会，整个过程形式独特、规模宏大，包括了拦路、游山、对歌、敬酒、告别等流程，参加群众可达十万人以上。

新疆花儿

虽然甘肃、宁夏、青海等地区都有花儿的存在，但新疆花儿的风格与其他不同。新疆花儿从西北地区传入，在发展的过程中，受到了维吾尔族和哈萨克族音乐的影响，在演奏中加入了快节奏的元素。这些变化使得新疆花儿既具有新疆音乐舞蹈性强的特征，又保留了西北地区的特有腔调。

侗族大歌

侗族大歌于 2009 年被列入"人类非物质文化遗产代表作名录"。

侗族是我国南方民族之一，人口数量较多，整体呈现大聚居、小分散的特点。随着历史的发展，侗族人民依山傍水建造了村寨，鼓楼就是侗族村寨的标志性建筑。这种建筑既不需要钉铆也不需要木楔，而是全部采用榫卯形式衔接，设计精巧，结构精密。由于鼓楼内部高耸空旷，有很好的混响效果，因此每到侗族的重大节日，便会有不同村寨的男女在鼓楼对歌。这类行为便是侗族大歌中的一类，被称为"鼓楼大歌"。

侗族大歌与鼓楼、风雨桥并称为"侗族三宝"，是侗族人民独具特色的音乐表演形式。之所以被称为"大"歌，一是因为这种歌曲形式一般包含若干个段落，篇章比较宏大；二是因为除日常练习外，大歌只有在节日和招待外来宾客这类相对隆重的场合才会演唱；三是因为大歌的表演歌队构成丰富，只能由歌队或是歌班演唱，不能独唱。

侗族大歌采用无伴奏、无指挥的独特表演形式，演唱时分为高、低两个声部，二者搭配演唱，声音洪亮，气势磅礴。除"鼓楼大歌"外，侗族大歌还包括"声音大歌""伦理大歌""叙事大歌"等，其中"声音大歌"是侗族大歌最精华的部分，这种大歌旋律跌宕优美，常常模仿虫鸣鸟叫等自然之声，最能展现表演者的演唱水平。

藏戏于 2009 年被列入"人类非物质文化遗产代表作名录"。

藏戏

藏戏舞台

由于游牧民族的特点，藏戏很少有室内表演，大多会在准备表演的室外广场中央栽下一棵树，把树周围当作演出舞台。

藏戏演出一般分为三个部分。第一部分是"顿"，即开场。这部分演出没有情节。第二部分是"雄"，这是藏戏表演的主要部分，所有的演员会排列成半圆，随着剧情介绍者的说明依次进行表演。演员们的动作和其他剧种一样，具有一定程式性。正戏结束后的部分被称为"扎西"，演员们会在这段时间为观众们送出祝福，同时接受观众的馈赠。

藏戏被定义为戴着面具、以歌舞形式演绎故事的藏族戏剧。根据古籍记载，在松赞干布颁发《十善法典》的宴会上出现过有人戴着面具、歌舞跳跃的场面。可见当时的藏族歌舞表演已经融入了戏剧的形式，这也被很多学者认为是藏戏的雏形。

藏戏面具

藏戏面具被称为"巴"，是藏戏中非常重要的道具，它吸收了藏族民间艺术表演的元素并展示出了自己独特的民族特征。藏戏面具分为温巴面具、人物面具、鬼怪面具和动物精灵面具。其中温巴面具是藏戏中最为经典的一种，其造型夸张、绘制精美，通常作为开场人物形象。和京剧脸谱一样，人物面具的颜色也代表着人物的性格，比如白色象征纯洁、善良，而黄色象征智慧、强盛。

图书在版编目 (CIP) 数据

千年国粹 / 日知图书编著. — 北京：北京联合出版公司, 2024.1（2024.9 重印）
（非遗里的中国）
ISBN 978-7-5596-6599-7

Ⅰ.①千… Ⅱ.①日… Ⅲ.①非物质文化遗产 – 中国 – 少儿读物 Ⅳ.① G122-49

中国国家版本馆 CIP 数据核字 (2023) 第 199524 号

非遗里的中国
千年国粹

出 品 人：	赵红仕
项目策划：	冷寒风
编 著：	日知图书
责任编辑：	牛炜征
项目统筹：	李 晨
特约编辑：	李欣雅
美术统筹：	张静翔
封面设计：	罗 雷

北京联合出版公司出版
（北京市西城区德外大街83号楼9层　100088）
文畅阁印刷有限公司印刷　新华书店经销
字数25千字　720×787毫米　1/12　5印张
2024年1月第1版　2024年9月第2次印刷
ISBN 978-7-5596-6599-7
定价：135.00元（全3册）

版权所有，侵权必究
未经书面许可，不得以任何方式转载、复制、翻印本书部分或全部内容。
本书若有质量问题，请与本社图书销售中心联系调换。
电话：010-82021443

非遗里的中国

Cultural Heritage

非遗里的中国

匠心巧思

日知图书 ◎ 编著

China Intangible Cultural Heritage

北京联合出版公司

目录

天涯织女的指尖华章
黎族传统纺染织绣技艺
22

千年活字 匠心传承 ⋯⋯⋯⋯ **2**
中国活字印刷术

美轮美奂的传统木结构建筑 **6**
中国传统木结构建筑

灯影下的侧脸
中国皮影戏
26

方寸之间见真章
中国篆刻
18

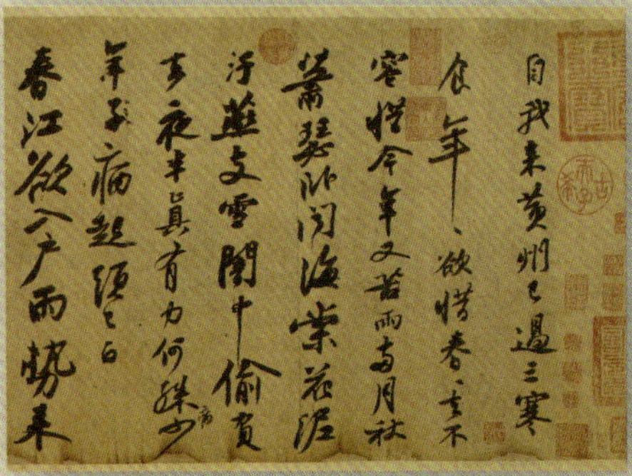

千秋笔意 翰墨流芳
中国书法
12

南国红豆 粤韵佳音 ·············· 32
粤剧

千载南音共此时 ·············· 34
南音

雪域高原上的独特药浴 ·············· 36
藏医药浴法

38
端午粽情长 千里闻艾香
端午节

44
沟通着人与自然的盛大庆典
羌年
麦西热甫
送王船
妈祖信俗

非物质文化遗产 INTANGIBLE CULTURAL HERITAGE

千年活字
匠心传承

中国活字印刷术

中国活字印刷术发明于距今约1000年的北宋时期，这项发明使书籍的印刷变得更加方便快捷，促进了知识与文化的传播。

隋唐以来，雕版印刷的发明和应用降低了书籍的生产成本，让知识和信息加速传播，推进了文明的发展。但雕版印刷也有不足之处：在刻制时，工匠一旦刻错一个字，整版都要作废，且制作一本书的雕版会耗费很长时间，此外雕版不便储存，存储所需的空间很大。

北宋时期，一个名叫毕昇（shēng）的人发明了一种新的印刷技术：把每个汉字用胶泥做成单独的字模，平时按照音韵分类储存在木格里，到了要印刷的时候再取出来排版；如果要用到以前没有刻过的字，立即就能刻出来；有字模磨损，也不需要大费周章地重制整版，只替换这一个字就可以了。

这种印刷技术被称为"中国活字印刷术"。它节省了刻版和印后存放所需的人力物力，缩短了印刷的周期，既经济又方便。

毕昇发明活字印刷术的故事被同时代的科学家沈括记录在了科学技术著作《梦溪笔谈》之中。虽然后人对毕昇的样貌、生平知之甚少，但他的名字却已被世界铭记。

中国活字印刷术于2010年被列入"急需保护的非物质文化遗产名录"。

中国活字印刷术

最古老的活字印刷实物

毕昇发明的胶泥活字及其印刷品，目前未发现有实物流传于世。目前人们已发现的最早的一批活字印刷文物是黑水城、武威、敦煌等地出土的西夏文活字印刷物。据专家研究，它们是西夏中后期的印刷品，大约在毕昇所处时代之后的一个世纪。这些西夏文字印刷本，既有泥活字本，也有木活字本。西夏木活字本印刷水平与泥活字本相比有了很大的提高，字边的笔画缺损明显减少。

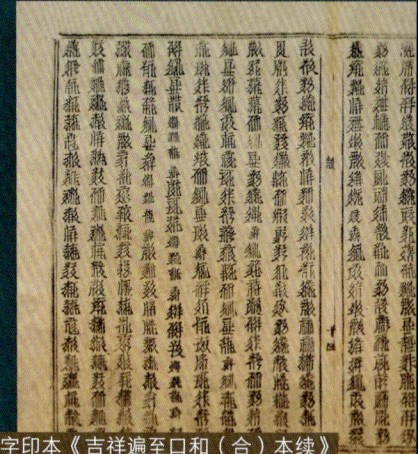

西夏文木活字印本《吉祥遍至口和（合）本续》

辨别活字本

由雕版印刷印出的书称为"刻本"，由活字印刷印出的书称为"活字本"。我们可以通过观察印刷品的特点，鉴别出它到底是由雕版印成的，还是由活字版印成的。

① 看木纹

一部分活字本是"套格"印刷的，即书的行、栏与文字内容分两次印成。木板会有自然断裂的纹理，在纸上留下痕迹，但文字上的纹理与行、栏的纹理不同，因此可以分辨出这是由活字印刷而成的。

② 看笔画

活字版是由单个的字拼缀而成的，每一个字都在单独的字模上，因此不同字的笔画之间不会有任何交叉，但雕版可能会存在笔画交叉。

⑤ 看四角

活字版是由一个一个的活字以及版框拼成的，因此中间的字与页面四角可能会留有一些空隙。

④ 看文字

与整版雕刻的刻本不同，活字印刷的字是随印随排的，有时会出现字的方向错误的问题，由此可以判断它是由活字印刷术印成的。

③ 看墨色

由于活字模摆放的高度可能存在不同或不够整齐的情况，在印刷上墨时也就不太均匀，印出文字的墨色深浅也就可能不同。

非物质文化遗产　INTANGIBLE CULTURAL HERITAGE

活字印刷的过程

1 刻字

在胶泥块或者木块的其中一面用阳刻的手法刻上文字。每块字模上刻一个字，每个字会刻出多个字模。像"之""也"等古文中的常用字，甚至会刻出20多个备用。金属活字则是用模具铸造的。

2 烧制

胶泥活字还需要放入窑中，通过高温火烧，使其形状固定，质地坚固。

3 排版

准备一块铁板，用松脂、蜡、纸灰等黏合材料覆盖在上面，放置一个框子作为排字的模具，再把需要的活字字模按照书籍文本的内容整齐地码放好。随后，稍稍加热，等到黏合材料略微熔化，就用一块平板按压表面，将活字固定住，且表面平整，以便于后续的印刷。

4 印刷

给活字版刷上墨，覆盖上纸，用刷子来回刷过，直到每个墨字印在纸上。这一步骤需要小心谨慎，以确保印刷效果准确、整齐。在印刷的同时，其他工匠就可以开始排版下一页，效率较高。

5 拆字

印刷完成后再次用火加热，使黏合材料再次熔化，活字块就能轻易地从铁板上脱落，也不会沾上污渍，可将其重新收纳起来以备下次使用。

中国活字印刷术

各种材料的活字

◇◇◇◇◇◇◇ 胶泥活字 ◇◇◇◇◇◇◇

毕昇发明的胶泥活字印刷术是中国印刷史上里程碑式的转折点，影响广泛。西夏的胶泥活字印刷品与毕昇生活的时代只相隔百年，证明了在西夏时，胶泥活字印刷的技术就已从南方传到了我国西部地区。

在毕昇之后，也有人对胶泥活字进行改进。元代农学家王祯的著作《造活字印书法》中记录有两种不同的方法，都是对固定活字的方式进行的改良。一种与毕昇的方法相似，只是把黏合材料由松脂、蜡、纸灰等改为用稀沥青；另一种则是在薄泥中排列胶泥活字，送入窑内烧制固定成整版，再进行印刷。

◇◇◇◇◇◇◇ 木活字 ◇◇◇◇◇◇◇

毕昇在发明活字印刷术时，也曾经尝试过使用木料制作活字。但他发现，木料因纹理疏密不同，沾水后很容易变得高低不平，而且木活字与松脂混合物相粘时不易取下，因此最终放弃木活字并改用胶泥。但在300多年后，王祯重新进行了尝试。他选用木质致密的梨枣木制造字模，并且不用松脂等材料粘连活字，而是改用竹片夹住固定，较好地解决了毕昇曾经遇到的这些技术问题。

不同材质的活字各有优劣，木活字与金属活字至今仍被使用。

◇◇◇◇◇◇◇ 金属活字 ◇◇◇◇◇◇◇

中国最早出现的金属活字是锡活字，比西方的金属活字要早200多年。但锡活字较软，不耐磨，因此没有盛行。明代时还出现了铜活字，清内府最大的印刷工程——约1.6亿字的《古今图书集成》就是用铜活字印成的，从刻制到排版印刷完成共花费了20多年之久。金属表面比较光滑，普通的墨难以附着。根据明代铜活字印刷品的墨色来看，当时的人们已经研制出了油性墨，以配合金属活字，提高印刷质量。

转轮排字法

非遗博览

虽然毕昇把活字按照音韵放在木格里，但工匠必须要对汉字音韵有一定的了解，才能快速找到需要的字。王祯发明了"转轮排字法"，把字模按照编号排列，放在字盘上，只要知道对应的编号，就能够转动字盘、找到需要的字模，更加便捷。

非物质文化遗产　INTANGIBLE CULTURAL HERITAGE

中国传统木结构建筑营造技艺于2009年被列入"人类非物质文化遗产代表作名录"。

美轮美奂的传统木结构建筑

中国传统木结构建筑营造技艺

中国传统木结构建筑营造技艺是人类非物质文化遗产中的一颗璀璨明珠，在中国传承了7000多年，是古代东方建筑技术的代表。

木结构是中国古代建筑的主要结构类型和重要特征。木材不仅比重小、刚性好，还有着加工方便、易于成形的优点。中国传统木结构建筑还拥有较好的抗震能力。

考古成果显示，早在新石器时期，我国黄河流域、长江流域的广大地区已有一定规模的聚落建筑群，在浙江省余姚市的河姆渡遗址中，考古学家发现了建筑的木构件，这说明我国先人很早就已掌握了榫卯连接技术，也说明在此之前木结构已经经历了很长时间的发展与使用。

应县木塔是木结构建筑的典范。

中国传统木结构建筑营造技艺

精巧独特的构造

木结构建筑中，斗拱的使用和榫卯的连接十分精巧独特。

榫卯是中国古代工匠创造的一种连接方式，不需要一颗钉子就能把根根木材连接在一起，至今仍在传统的木结构建筑中得到广泛应用。在榫卯中，凸出的部分称为"榫"，凹进去的部分称为"卯"。古人利用榫卯结构原理发明了益智玩具鲁班锁（也称"孔明锁"）。

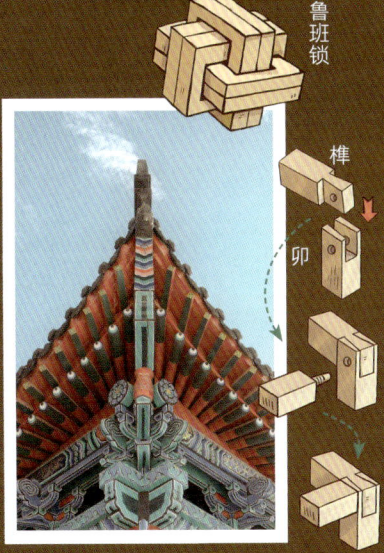

斗拱是"斗"和"拱"的统称。斗是斗形的木垫块，拱是弓形的短木。拱架在斗上，向外延伸，拱的上面再安装斗，逐层叠加，这样就形成了上大下小的托架。元代以后，梁和柱上的斗拱逐渐变小，那时的斗拱和唐宋建筑中的斗拱相比，结构作用减弱了。后来，斗拱几乎成为装饰性构件。

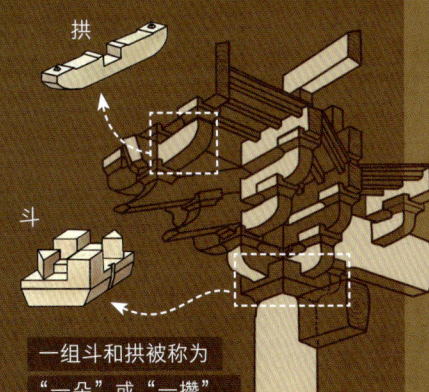

一组斗和拱被称为"一朵"或"一攒"。

非遗博览 《营造法式》

中国现存的时代最早、内容最丰富的建筑学著作，由北宋时期的李诫编修。书中介绍了建筑设计、施工规范等内容，记述得十分详细，包括当时的标准数据、制作工序等，还配有大量图样，是了解和研究古代建筑的重要典籍。

木建筑是怎样建成的

① 抬梁式
② 穿斗式
③ 井干式

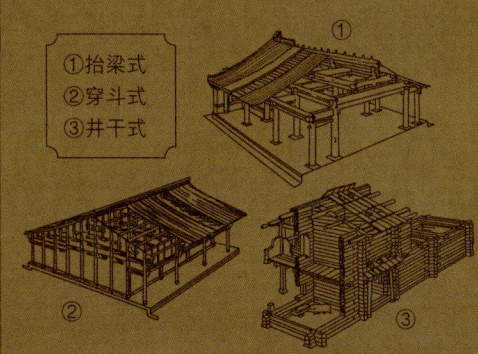

∞∞∞∞∞ 抬梁式木结构 ∞∞∞∞∞

抬梁式木结构是我国北方常用的结构。"抬梁"的意思就是一层一层架起房梁——两根垂直的柱支撑一根平行于地面的梁，梁上再立两根柱，支撑一根稍短的梁，以此类推，越建越高。

∞∞∞∞∞ 穿斗式木结构 ∞∞∞∞∞

穿斗式木结构在我国南方各地建筑中用得较多。这种木结构不使用梁，而是由一根根柱子直接支撑屋顶下方的檩（lǐn），具有省工省料、便于施工等优点。

∞∞∞∞∞ 井干式木结构 ∞∞∞∞∞

井干式木结构是由原木或方木堆叠而成的，一般将原木简单加工，纵横堆叠成矩形的空间。早在3000多年前，商代墓葬中就有井干式套棺的使用。

非物质文化遗产 INTANGIBLE CULTURAL HERITAGE

从"头"看建筑

"如鸟斯革,如翚(huī)斯飞。"这句出自《诗经·斯干》的诗句,把传统建筑美丽的屋顶比作展开翅膀将要飞起的鸟。富有弹性的曲线、远远伸出的屋檐、高高翘起的屋角……屋顶勾勒出了中国传统建筑一个个动人的剪影。

屋顶是中国木结构建筑外形最显著的标志,其上覆盖着黏土、琉璃等材质的瓦片,为建筑遮风挡雨。

屋脊上装饰的神兽被称作"脊兽",也称"小兽"。它们精巧而灵动,安静地守护着建筑,既能封护瓦垄,也起到了装饰作用。除此以外,脊兽的数量还能够区分建筑的等级,数量越多,代表着建筑主人的身份越高。故宫太和殿屋顶的脊兽是最多的,每条垂脊上都有十个神兽和一位仙人。

屋顶的形式代表着建筑的不同等级:庑(wǔ)殿顶、歇山顶是高等级的建筑才能使用的;悬山顶、硬山顶的等级较低,在民居中十分多见。此外,还有盝顶、攒(cuán)尖顶等许多特殊的屋顶形式,它们姿态各异,别具风格。

① 行什
② 斗牛
③ 獬豸
④ 狻猊
⑤ 押鱼
⑥ 天马
⑦ 海马
⑧ 狮子
⑨ 凤
⑩ 龙
⑪ 仙人

獬豸是传说中的异兽,能够分辨正义与邪恶。它头上有独角,会用角触碰不正直的人,是执法公正的化身。

xiè zhì 獬豸

suān ní 狻猊

狻猊是传说中的猛兽,龙生九子之一,形象类似狮子,但头脑没有螺髻。

斗牛身上有鳞,是传说中的镇水兽。

行什长有双翅,猴头鹰嘴,可以通风报信,是太和殿独有的脊兽。

dòu niú 斗牛

háng shí 行什

中国传统木结构建筑营造技艺

yā yú 押鱼

押鱼是传说中的海中异兽，长有鱼尾，据说能喷出水柱，有着防火灭火的寓意。

狮子是勇猛和力量的象征。中国的狮子脊兽与真实的狮子形象相去甚远，是经过想象和风格化了的艺术形象，特征是后脑有卷毛螺髻。

shī zi 狮子

海马是传说中的神兽，身上有火焰纹，可以在海浪中奔跑如飞，是忠勇吉祥的象征。

hǎi mǎ 海马

天马是传说中能够在空中行走的神马，长有一对翅膀。汉代将西域的良马称为"天马"。

tiān mǎ 天马

凤是传说中的百鸟之王，品行高洁；也是脊兽中唯一的鸟类。

fèng 凤

龙是中国的图腾，其集蛇身、猪头、鹿角、牛耳、羊须、鹰爪、鱼鳞于一体的形象深受中国人喜爱。龙也是帝王的象征。

lóng 龙

仙人安放在所有脊兽之前，骑着凤鸟，据说有着逢凶化吉的寓意。

xiān rén 仙人

9

非物质文化遗产 INTANGIBLE CULTURAL HERITAGE

悬山顶

悬山顶只有前后两面有斜坡，但侧面的屋檐也会伸出墙外，在中国南方传统民居中较为常见。

庑殿顶

在古代，只有等级很高的建筑才能使用庑殿顶。庑殿顶共有五条屋脊，屋顶的前后左右四面都有略微弯曲的斜坡，顶部最高处水平的屋脊被称为"正脊"。

歇山顶

歇山顶等级略低于庑殿顶，是两坡屋顶与四坡屋顶的混合，共有九条屋脊，侧面屋脊间形成的三角形被称为"山花"。

故宫的乾清宫是重檐庑殿顶建筑。

承德避暑山庄的烟雨楼采用的就是卷棚顶，它是仿照浙江的同名建筑修建的。

卷棚顶

卷棚顶的造型非常优美，其前后相连处不做成屋脊，而是做成弧线形状，常常在园林建筑中出现。

攒尖顶

攒尖顶呈锥形，最高处是一个被称为"宝顶"的装饰。这种样式的屋顶既有正方形、正六边形、正八边形的，也有圆形的，在亭子中很常见。

中国传统木结构建筑营造技艺

盔顶

盔顶就好像古代士兵所戴的头盔一样。这种形式的屋顶在现存古建筑中不多。

硬山顶

硬山顶与悬山顶相似，也只有两面斜坡，但硬山顶的屋顶与侧面的山墙齐平。这种屋顶比较简单、朴素。

盝（lù）顶

盝顶是一种比较特殊的屋顶形式，顶部由四条各与四面屋檐平行的屋脊，围合成一个正方形或长方形的平顶。

亭台楼阁、轩榭廊舫

❶ 亭的四周敞开，多为攒尖顶，是中国园林中最为常见的建筑形式，可供行人停下休息。

❷ 台是一种高而平的建筑物，可供游人眺望或观景之用。它是中国古代建筑的重要类型之一，历史上有名的古台有上百座。

❸ 楼与阁起初有所区别，后来二字逐渐互通，指多层的建筑。高耸的塔类建筑也属于楼阁的一种。

❹ 轩本是古代一种有围棚或幕布的车。江南厅堂前后檐下的外廊部分与古代车架形状相似，因此得名。后来凡是带轩的小厅堂建筑都称为"轩"。

❺ 榭是一种建于水边的建筑。这类建筑结构轻巧，多为单层，四面敞开，视野开阔，临水的一面常设有座位。

❻ 廊是古代建筑中有顶的通道。建筑物前后屋檐下的廊被称为"檐廊"；建于园林中引导游览路线的廊被称为"游廊"；还有的廊回环曲折，被称为"回廊"。

❼ 舫是仿照船的造型修建的建筑，建在水边，因其像船而不能动，也被称为"不系舟"。游人身处其中，观赏水面景致，就好像在船上一样。

非物质文化遗产 INTANGIBLE CULTURAL HERITAGE

**中国书法以特有的造型符号
和笔墨韵律书写汉字，
表现出中国人特有的思维方式、
人格精神与性情志趣，
是中国文化的代表性符号。**

中国书法　千秋笔意

中国书法伴随着汉字的产生与演变而发展，至今已有3000多年的历史。它是一种以毛笔为书写工具、表现汉字之美的艺术形式，既有着语言文字所具有的实用功能，又具有欣赏价值，更承载着中华民族几千年来厚德载物、自强不息的民族精神。在世界美术史上，能让文字的书写成为主流艺术的也唯有中国书法。

在中国传统书画艺术理论中，有一个重要的观点是"书画同源"——中国文字与绘画在起源上有着相通之处，它们都是以线条来表现的。

汉字来源于祖先用简单图画对身边事物的描绘，反映了古人对自身和周围事物的观察与思考。经过劳动人民的创造，这些由线条组成的原始图画、符号，逐渐演变、简化、提炼，形成了体系庞大、内涵丰富的汉字。在这一过程中，人们的书写工具从刻刀变为毛笔，并逐渐开始有意识地控制毛笔，"画"出或曲或直、有轻有重的线条。这样，变化万千、气象独具的书法也就形成了。

中国书法于2009年
被列入"人类非物质文化遗产代表作名录"。

翰墨流芳

书体的流变

在人们使用汉字、书写汉字的过程中,汉字的书体也演变出了多种形态,各有其风格与艺术特征。

① 篆书

篆书一般指小篆。秦始皇统一六国之后也统一了文字,以小篆为全国通行的标准字体。小篆呈长方形,笔画粗细均匀,线条圆润流畅,具有简洁、典雅之美。

② 隶书

隶书早在战国晚期就已形成,在秦汉数百年的发展中,隶书字形也发生了一些变化。汉魏时期,隶书成为人们普遍使用的书体。与篆书相比,隶书扁平、工整。

③ 楷书

楷书始于汉末,由隶书发展演变而来,自魏晋时期一直通用至今,也称"正书""真书"。楷书的特点是笔画平整、字形方正。

④ 草书

草书是为书写便捷而产生的书体,始于汉初,最早脱胎于隶书,后来逐渐产生了章草、今草、狂草等多种形式,字形变化繁多。

⑤ 行书

行书是介于草书与楷书之间的一种书体,既不像草书那样潦草,也不如楷书那样端正。相传行书始于汉末,流传至今。

非物质文化遗产 INTANGIBLE CULTURAL HERITAGE

永字八法

古人以"永"字为例，阐述楷书常用的八种笔画的用笔方法，称之为"永字八法"。"八法"分别为侧、勒、努、趯、策、掠、啄、磔，依次对应着点、横、竖、钩、提、长撇、短撇、捺八种笔画。这八种笔画包括八个书写方向，基本上可以代表汉字的所有笔画。

关于永字八法的来源，前人有多种说法，但都没有确切的依据。其中有一种说法是：由于唐太宗李世民推崇王羲之的书法风格，还将《兰亭集序》推为王羲之书迹之首，使王羲之在唐初被尊为"书圣"，当时的人们就取《兰亭集序》的第一个字——"永"字作为例证论述自己的书法理论，以此显示自己的观点可信。

唐宋以后，永字八法传播甚广，古籍中常用"八法"一词指代书法。

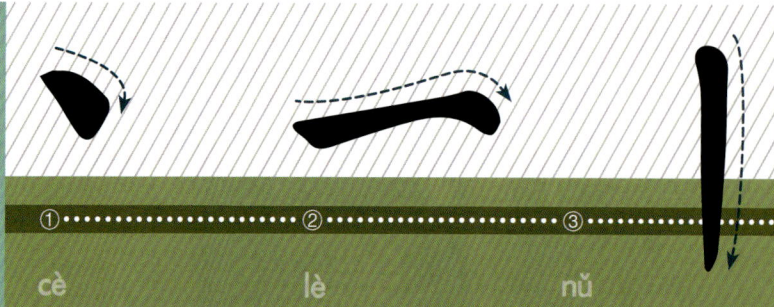

cè
侧（点）

写点时需要将笔锋侧过来，轻轻顿笔，顺势出锋。

lè
勒（横）

写横时，起笔和收笔处都要勒住笔锋，缓去急回。

nǔ
努（竖）

写竖时不宜写得太过挺直，否则会显得僵硬无力。

中国书法

书法艺术

用笔

书法与通常的写字不尽相同，光是用笔的方法就有许多讲究。毛笔是书法的主要书写工具，是用羊、黄鼬等动物的毛发梳扎成锥形笔头，连接在竹管、木管之上制成的。毛笔的笔头富有弹性，变形的幅度极大，能够很好地写出粗细不同、流畅美观的线条。无论形式怎样千变万化，汉字本质上都是由点、线组成的，书法的艺术性就依托在笔画的变化之上。

持握毛笔的姿势也很有讲究，笔杆须大体与纸垂直，手指捏牢，但手掌却是有空间的。毛笔的笔杆截面为圆形，五根手指执笔的力量从四方八面向着圆心而来。每一根手指都有它的作用：大拇指的指肚按住笔杆，食指、中指的内侧回钩笔杆，无名指顶住笔杆，小指紧贴无名指作为辅助。只有正确执笔，才能握得牢固稳定，更加灵活、顺畅地控制毛笔。

结构

书法艺术中的结构又称"结字""结体"或"间架"。书法家会根据个人审美情趣以及文字的结构规律进行安排，如上下、左右结构的字需要两边相互呼应以达到平衡与和谐，四点底的四个点不能写得过于平齐等。结构虽有一些常用手法和规律可循，但没有死板的规定。

墨法

墨法是书法中用墨、用水的方法，有浓墨、淡墨、干墨、湿墨等许多种。墨中含水量较少时容易写出"飞白"；墨中含水量多则更容易在纸上晕开。不同的宣纸对墨的吸收能力不同，合理利用墨和纸的特性，就能够按照心意写出想要的风格。

章法

创作书法时还需要考虑整篇书法字与字、行与行之间的整体关系和安排，需要字字相互呼应，行行气脉连贯，既富有变化，又和谐均衡。章法在行书和草书的创作中尤为重要，字的笔画相互勾连牵引，仿佛产生了一种音乐般的韵律感。

④ ⑤ ⑥ ⑦ ⑧

趯（钩） tì

写钩时需要突然提笔，让力量集中在笔尖。

策（提） cè
写提时，要逆锋起笔，向右上方发力。

掠（长撇） lüè
写长撇时，起笔和写竖相同，出锋时要送出力道。

啄（短撇） zhuó
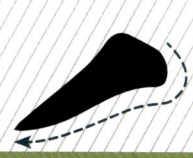
写短撇时，笔锋向左，要快而峻利。

磔（捺） zhé

捺就像曲折的水波，要轻轻落笔，逐渐加粗，到末尾收锋。

非物质文化遗产 INTANGIBLE CULTURAL HERITAGE

台北故宫博物院藏

故宫博物院藏

非遗博览

什么是"帖（tiè）"

"帖"指可供临摹学习的书法范本。对于名家真迹，常取帖文中的词语命名。把名家书法作品汇编印成拓本，也称为"帖"。

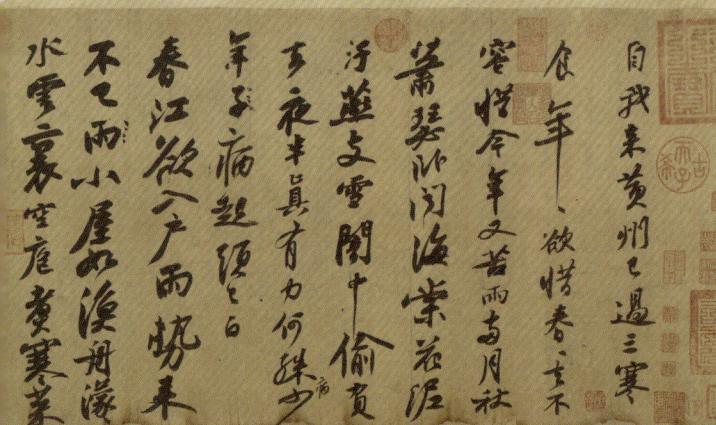

台北故宫博物院藏

《寒食帖》 [宋] 苏轼 书

苏轼不仅是著名的文学家，在宋代四大书法家中也名列首位。他二十余岁便中了进士，却一生仕途坎坷。《寒食帖》是他被贬黄州期间写下的，被誉为"天下第三行书"。苏轼的书法不拘一格，自由肆意。帖中的"年""中"等字竖笔很长，形成了一种特殊的行间布白。

《祭侄文稿》

[唐] 颜真卿 书

唐代书法家颜真卿素来以楷书闻名,他的楷书庄严雄浑,大气磅礴,被称为"颜体"。但这幅略显潦草的《祭侄文稿》看起来却与他的楷书大不相同。安史之乱爆发后,颜真卿与堂兄颜杲(gǎo)卿联手抵抗叛军,然而堂兄与侄子颜季明都在战争中失去了生命。怀着悲愤的心情,颜真卿写下了这幅著名的《祭侄文稿》。

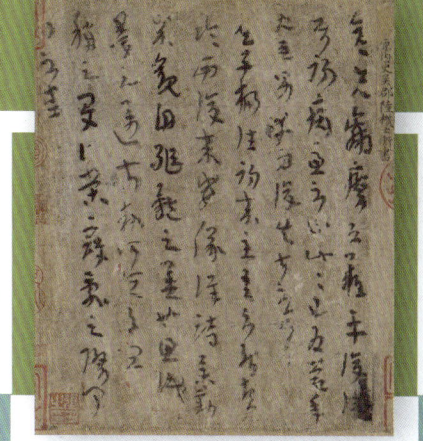

故宫博物院藏

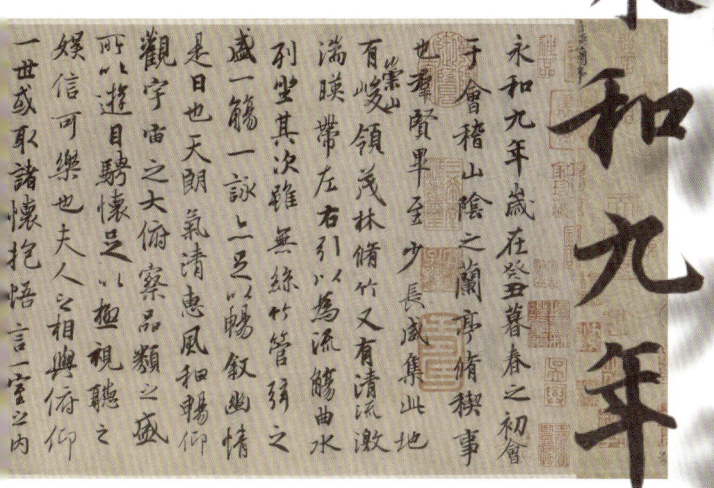

《平复帖》

[晋] 陆机 书

晋代文人士大夫喜好书法,他们所写的内容很多并不是典籍文章,而是日常的书信。这幅《平复帖》是现在传世的最早的名人墨迹,是西晋文学家陆机写给朋友的信件。因开头有"恐难平复"字样,后人取其中"平复"二字,称之为《平复帖》。它的风格平淡质朴,笔意婉转,所用书体为草隶书,对研究文字和书法变迁也有着重要意义。

陆机是三国名将陆逊的后人,曾以文才倾动一时,最终却因兵败遭受谗言而身死。《平复帖》是陆机跌宕起伏的人生落幕之后,留下的唯一墨迹。

《兰亭集序》神龙本

[晋] 王羲之 书,[唐] 冯承素 摹

永和九年举办于会稽山阴的这一场名士聚会,因王羲之的《兰亭集序》而千古流芳。它既是一篇脍炙人口的文章,也是一幅著名的行书作品,如今原稿已经失传。这幅摹本既有双勾填色的痕迹,又显露出临写的特点。冯承素采用摹临结合的方式,既保留了原稿的特点,又显得自然、生动,被认为是最接近原稿的唐代摹本。因卷首有唐中宗年号"神龙"印,世称"神龙本"。

非物质文化遗产　INTANGIBLE CULTURAL HERITAGE

方寸之间见真章

中国篆刻

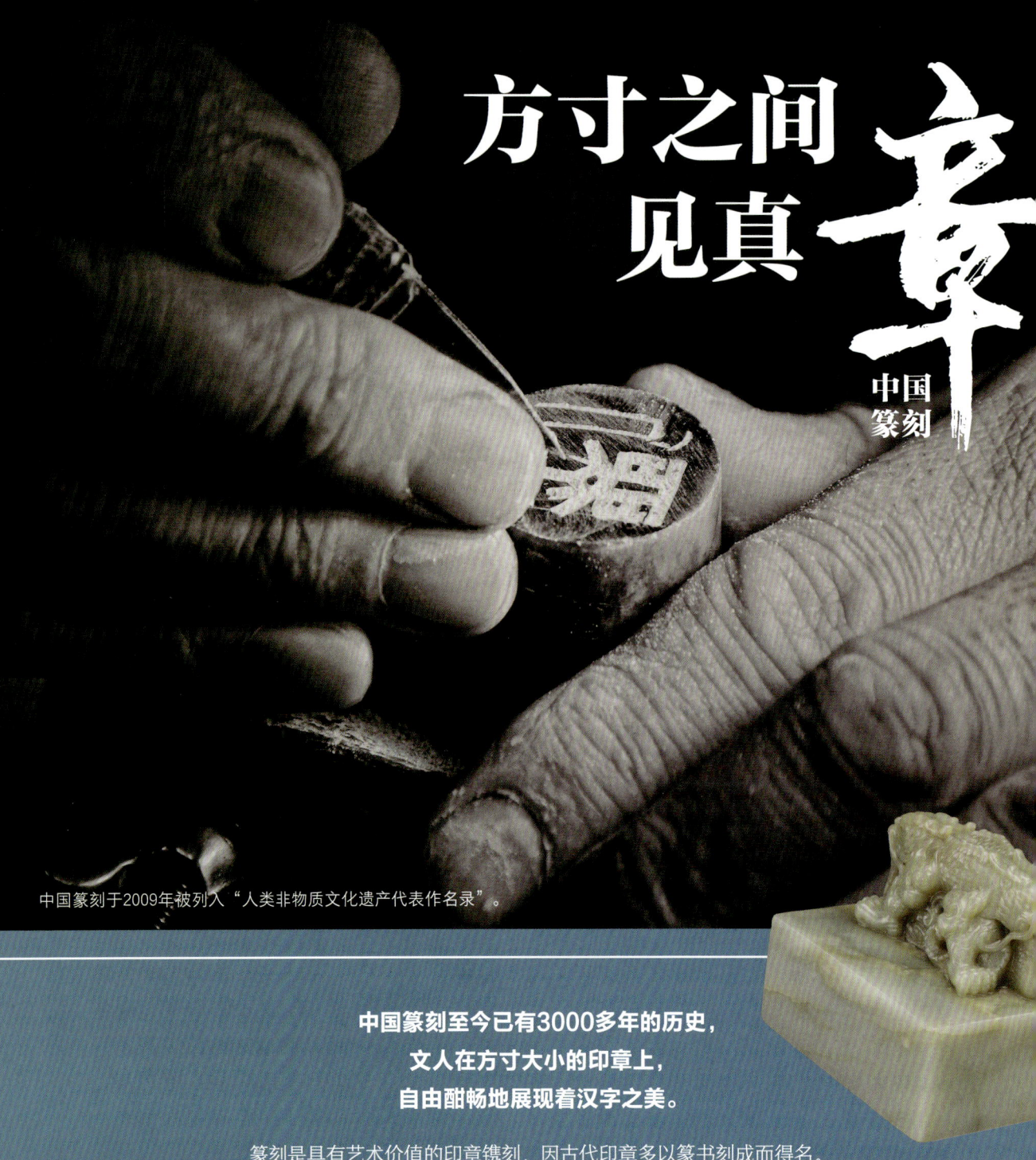

中国篆刻于2009年被列入"人类非物质文化遗产代表作名录"。

中国篆刻至今已有3000多年的历史，
文人在方寸大小的印章上，
自由酣畅地展现着汉字之美。

篆刻是具有艺术价值的印章镌刻，因古代印章多以篆书刻成而得名。
篆刻艺术是由印章制作技艺发展而来的，它以印章为载体，对文字进行艺术化的设计。

印章中的历史

自商周时代起,中国就存在着一种几乎无处不在的文化现象——印章的制作和使用。虽然中国并非世界上最早开始使用印章的国家,但在商周到近现代的数千年间,中国的印章无论是使用的范围、存世的数量,还是内容和载体的丰富、艺术水平,都已远远超过其他国家。

秦代以前,无论主人身份如何,印章都被统称为"玺",所以古老的印章也被称为"古玺""玺印"。秦始皇统一中国后,规定"玺"专指皇帝的印章,其他人的印章只能称为"印"。唐代以后,也把皇帝的印章称为"宝"。

印章曾经只是纯粹的实用物。它是一种凭证的信物,代表着印章主人的身份。汉代及以前,玺印主要的用途是封发物件和简牍,在封泥上印出印文,以防在运送的途中有人私自拆封。后来,随着书写材料改为纸、帛等薄片,人们渐渐不再使用封泥,而是改为蘸取朱红色的印泥盖章。中国古代的玺印,尤其是官印中,包含着大量的职官与地理资料,具有重要的史料价值。

宋元以来,人们开始把印章作为一种艺术品来欣赏和创作,进入了篆刻艺术的时代。自元代起,印章的材料以石料为主,因镌刻方便,文人常常自篆自刻,且把篆刻与书画结合在一起。明清以来,更是涌现了很多篆刻家和流派。

> 除君王以外,官员也有自己的官印,由专门机构和官员负责制作颁发。官印是权力的象征,"夺印""解印绶"等词语常常被用于指代官员的罢免。

中国篆刻

多样的印章

印章的形状多种多样,既有正方形、长方形、圆形、椭圆形等,也有葫芦形、柿蒂形、不规则形等。印章的材料也是五花八门,古代多用铜、银、金、玉等制作印章,也用牙、角、木、水晶等。铜章等金属印章,需要先刻章模,然后铸造;石、牙、角等材质的印章,则直接用刀镌刻。元代石章逐渐盛行,田黄石、鸡血石等都是常见的石材。

不一般的红

印泥也叫"印色""印肉",是中国特有的文房之宝。最常见的印泥颜色是深红色,此外也有黑色、蓝色等。制作印泥的主要原料是朱砂、麝香、冰片等,有些名贵的印泥配方中还会加入珊瑚、红宝石等。

把印章均匀地蘸上印泥,经过充分按压,印于纸上、书画上,留下的与印章表面相反的痕迹,被称为"印蜕"。一个完美的印蜕,形状饱满,颜色鲜明,边界清晰。

非物质文化遗产　INTANGIBLE CULTURAL HERITAGE

篆刻三法

虽然脱胎于印章的中国篆刻仍旧使用着古老的篆体，但这门艺术一直在与时俱进地发展着。篆刻艺术包含三个重要的方面，也被称为"篆刻三法"，分别是篆法、章法、刀法。只有这三者齐备，才能造就一件艺术品。

篆法

篆法指印章文字的书法，因为篆刻多用篆体，所以称之为"篆法"。先秦各诸侯国使用的文字写法并不相同，秦始皇统一六国后才下令统一文字为"小篆"。在此之前，周代所用的籀（zhòu）文、青铜器上镌刻的金文等字体，统称为"大篆"。面对这些形似却不同的书体，必须加以分别，正确选择字形，不能混用。

古代名印章

印章是古人身份的证明。这些材质不同的印章或出土于古代墓葬，或作为国宝代代珍藏。它们曾被持握在王公贵族手中，承载着一段历史，也见证过一个时代的变迁。

田黄石三联印

这个造型独特的三联印由一整块田黄石雕刻而成，工艺精湛，不仅深受主人乾隆皇帝的青睐，也是历代珍藏的宝物，末代皇帝溥仪被逐出宫时还带上了它。三枚印章上的文字分别为"乾隆宸翰""乐天""惟精惟一"，其中两枚为阳刻，一枚为阴刻。

"皇后之玺"玉玺

这枚玉玺发现于陕西省，是汉代皇后的玺印。有专家认为，它的主人很可能是汉高祖刘邦的皇后吕后。这是目前发现的最重要的古玺之一。

"文帝行玺"金印

这枚金印是我国目前考古发现的最大的西汉金印，也是唯一的汉代龙纽帝玺，它的主人是南越王赵眜（mò）。这方玺印表明他在生前就自尊为"文帝"。

中国篆刻

章法

章法指篆刻中文字的安排与布局。与书法不同,印章上可供艺术家发挥的空间很小。下刀之前,艺术家需要先根据印章形状、文字数量、笔画疏密等多种因素,设计出一份和谐均衡的印稿,有时甚至会反复设计出几版。为了布局的美观,可以适当对笔画进行一些扭曲,有时也会把一些部首移位,甚至会对一些字的笔画进行增减。

刀法

刀法是指镌刻印章时运刀的方法。艺术家会根据材料的质地、印石的大小、文字笔画的疏密等具体情况,采用合适的用刀速度、动作幅度、力量等,刻刀就是他们得心应手的笔,刻在章上的每一刀就如同书法中的一笔一画,蕴含着他们的精心设计,刻刀因此也有了"铁笔"之称。

"广陵王玺"金印

这枚金印是一枚罕见的汉代诸侯王玺,重约123克。虽然名为"玺",但它的主人并不是皇帝或皇后,而是东汉光武帝的儿子——广陵王刘荆。

"宛朐侯埶"金印

这枚金印的主人是刘邦的侄子刘埶(yì),曾被封为宛朐(yuān qú)侯。汉代的印玺分为官印和私印两种,一般官印刻职位,私印刻名字。而这枚金印既有职位,又有名字,可能是为了随葬而专门制造的。

青玉交龙纽『古稀天子之宝』

这方玉玺刻于乾隆皇帝70岁寿辰之际。"人生七十古来稀",70岁有"古稀"之称。在玉玺的侧面还刻有乾隆皇帝御笔的文章《古稀说》。

独孤信多面体煤精组印

这枚煤精制成的印章是由二十六个大小不一的正方形和三角形组成的多面体,主人是西魏时期身兼数职的官员独孤信。印章不同面上刻着不同的文字,供他在各种场合使用,不需要携带太多印章。

非物质文化遗产　INTANGIBLE CULTURAL HERITAGE

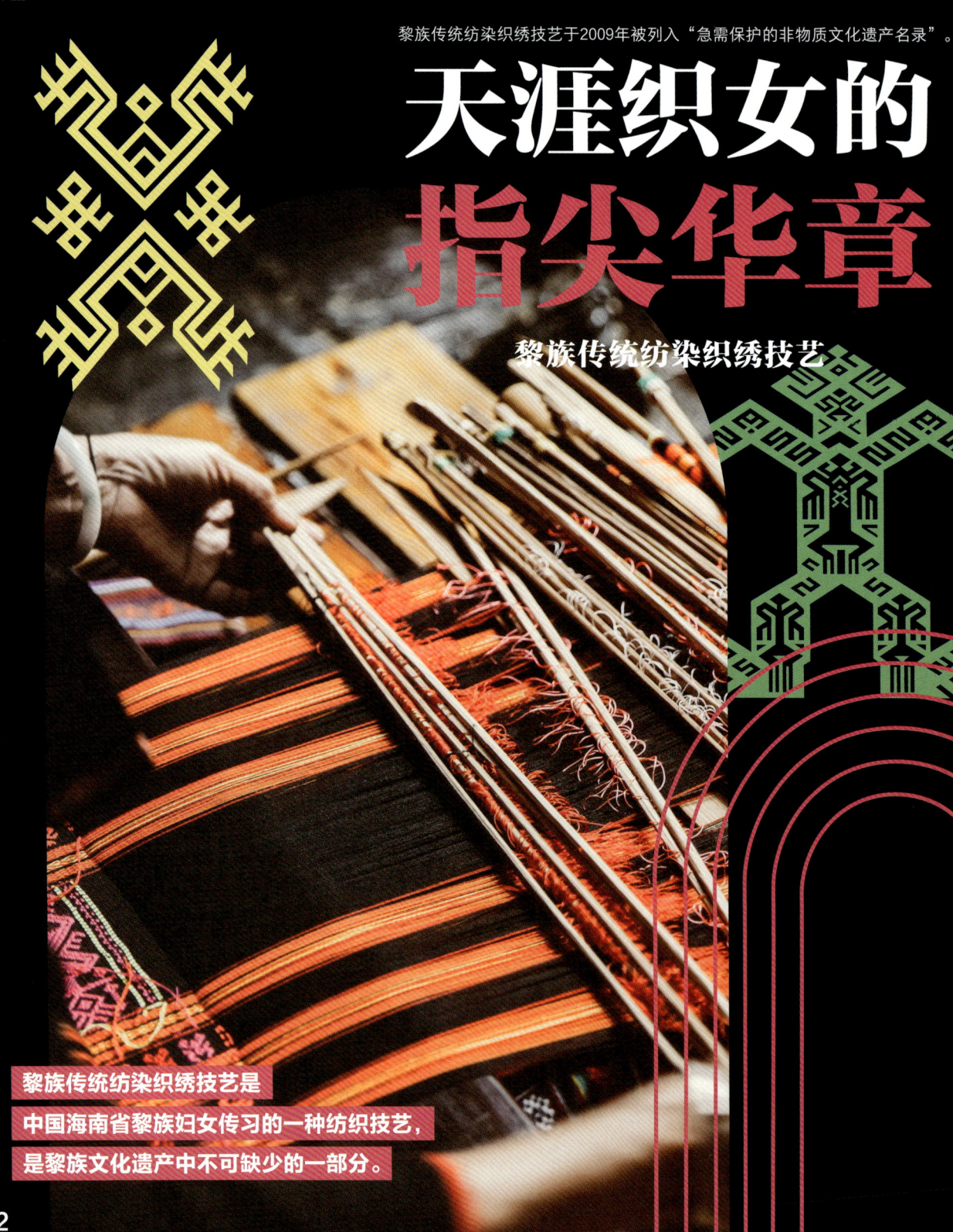

黎族传统纺染织绣技艺于2009年被列入"急需保护的非物质文化遗产名录"。

天涯织女的指尖华章

黎族传统纺染织绣技艺

黎族传统纺染织绣技艺是中国海南省黎族妇女传习的一种纺织技艺，是黎族文化遗产中不可缺少的一部分。

黎族传统纺染织绣技艺的历史悠久，可以追溯到先秦时期。在《尚书·禹贡》中，就有着"岛夷卉服，厥（jué）篚（fěi）织贝"的记载。"贝"就是"吉贝"，在黎语中意为棉花，黎族妇女用棉花织成的黎锦也称为"吉贝"。自汉代起，黎锦就常常作为向朝廷进贡的贡品。唐代时，黎族妇女已经能够利用各种颜色的纱线，织出绚丽多彩的图案。

在中国古代社会中有着男耕女织的分工，女性常常在家中从事纺织，古人会用"弄瓦之喜"一词，祝贺他人家中女孩的诞生。这里的"瓦"字指的是陶制的纺锤。在黎族，女孩从孩提时起，就会跟随母亲及其他女性长辈学习纺染织绣的整套技艺。母传女，女再传女，黎族传统纺染织绣技艺，就是这样在她们的口传心授中代代相传。

古老的黎族

黎族源于古代百越中的一支，早在秦汉以前，就从广东、广西陆续来到海南岛定居。"黎"这一专属称谓始于唐代末年，一直沿用至今。黎族分为哈方言、杞方言、润方言、赛方言、美孚方言五大方言区。不同方言区的黎族人居住在海南岛不同的地区，风俗、文化、服饰也有着一定的区别。

黎族人有自己的语言，但没有书面的文字。几千年来，黎族妇女把黎族文化中、生活中的元素设计成各种富有民族与地域特色的纹样，织入黎锦。黎锦是承载着黎族民族文化、历史、精神的无言史书，也是黎族特别的文化符号。

黎族传统纺染织绣技艺

黎锦上的纹样

黎锦纹样具有民族特色，很多都来源于他们的神话与传说。它们经过黎族妇女的艺术加工，被织成了这些意蕴丰富的纹样。

蛙形纹

黎族人民有着蛙神崇拜的传统。在黎族人民的观念中，青蛙具有很强的繁殖能力，象征着多子多孙。而且，蛙声常常与下雨同时出现，他们认为青蛙有着卜雨的能力。黎锦上的蛙形纹通常由简单的线条和图形组成，但却寄托了黎族人民对于风调雨顺的美好愿望。

蛙形纹

大力神纹

大力神纹

在黎族的民间传说中，上古时期的天与地之间只有几丈高，天上有七个太阳和七个月亮，气候恶劣，民不聊生。有一位被称为"大力神"的英雄挺身而出，把天空高高举起，又用弓箭射下六个太阳和六个月亮，他巨大的手掌化为五指山屹立在天地之间。每年，黎族人民都会举行盛大的庆典祭祀大力神，这一形象逐渐成为黎锦中常见的纹样之一。

非物质文化遗产 INTANGIBLE CULTURAL HERITAGE

黎锦技艺的传承现状

纺染织绣的技艺曾是每个黎族妇女的必备技能，每逢各种仪式和节日，黎族妇女都会为自己设计服装。然而由于生产生活方式的变迁，学习这门技艺的女性越来越少，黎族传统纺染织绣技艺面临着后继无人的现状。

近年，为了不使黎锦就此走向消亡，传承人组建小组，恢复了几乎失传的龙被制造技艺。龙被集纺染织绣于一身，是黎锦技艺的巅峰之作。新一代的传承人将会把这些技艺传承下去，重现它们的辉煌。

纺织家黄道婆

宋末元初的女性纺织家黄道婆是松江乌泥泾（今上海市徐汇区华泾镇）人。年少时，她曾经流落到海南岛的崖州（今海南省三亚市崖州区），并在那里居住了多年。她与黎族妇女一同生活，学习了黎族棉纺织技术。后来，她把黎族先进的棉纺织技术带回了家乡。经过黄道婆改良的棉纺织技术传遍了松江一带。

在此之前，中国纺织业以华美绚丽的桑蚕丝织为主，虽然已有棉纺织行业，但纺棉技术还有待提高。黄道婆推广了一种轧棉车，从此，纺织工人不再需要用手来摘除棉花中的籽，大大提高了棉纺织业的生产效率。松江地区逐渐成为全国棉纺织业的中心。

黎族传统纺染织绣技艺

纺染织绣

正如这项技艺的名字一样，黎锦的制作主要分为纺、染、织、绣这几道工序。

首先是纺。黎族妇女将棉花去籽后，会用特殊的工具弹棉花，使它们变得更加蓬松柔软。她们会先将棉花搓成细细的长条，然后用脚踏纺车或手捻纺锤，纺出洁白坚韧的纱线。

随后是染。黎族妇女给纱线染色的方式有很多种，如，把专门培育的靛类植物发酵后为纱线染色的"靛染"，在锅中熬煮树皮等材料再把纱线放入其中的"煮染"，把纱线埋入泥土中的"埋染"等。

染色完成后就可以织布了。黎族妇女的主要织布工具是腰机，织女席地而坐，用脚撑起织机。黎族人崇尚黑色，服装往往也以黑色为主。在织布时，她们一般会选择黑色、蓝色等颜色的线作为经线，用各种颜色作为纬线，织出富有民族特色的花纹。

除了在织机上织出花纹以外，黎族妇女也会绣花。黎族刺绣主要分为两种：一种是单面绣，主要采用平绣、贴布绣、珠绣等传统的绣法；另一种是双面绣，可以在面料的正反两面绣制几乎相同的花纹图案，只是反面的颜色会比正面稍浅一些。

绊（bēng）染

黎族妇女有一种特殊的染色工艺叫作"绊染"，先在纱线上扎上棉线再染色，就形成了特别的图案，再将扎染后的纱线与单色纱线一起纺织。以这种工艺织出的图案有一种高雅朦胧的美。

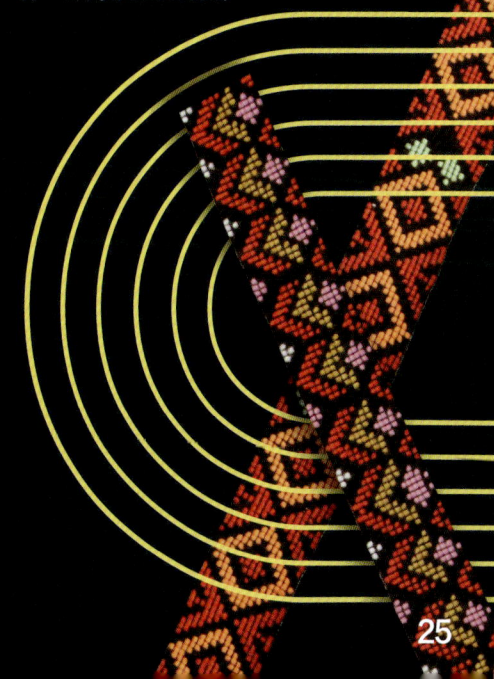

非物质文化遗产 INTANGIBLE CULTURAL HERITAGE

灯影下的侧脸

中国皮影戏

中国皮影戏是中华民族艺术殿堂里
不可或缺的一颗精巧明珠,
是一种集表演、歌唱、雕刻、绘画等多种艺术手段
于一体的综合性表演形式。

夜幕降临,一盏油灯照亮了简易的戏台,几段唱腔、一出好戏,勾勒出了一个奇妙的光影世界——这就是中国皮影戏。

中国皮影戏是一种特殊的戏剧形式,由演员在幕后操纵兽皮制成的皮影,借助灯光照射出的影子投射到幕布上,配以演唱、伴奏,进行表演。皮影戏也称"灯戏""影子戏",它以丰富多变的皮影造型、高难度的操纵技艺、独特的演唱声腔、精彩动人的表演征服了几千年来的观众。

中国皮影戏于2011年被列入"人类非物质文化遗产代表作名录"。

中国皮影戏

皮影戏题材丰富，擅长表现朝代戏、英雄传奇、神话故事等场面热闹、故事性强的剧目。虽然舞台只是一张小小的幕布，但在皮影艺人灵巧的手中，影人可以上天入地、腾云驾雾，完成真人演员在舞台上不能完成的表演。

皮影的艺术风格也十分独特，令人难忘。绝大多数的皮影人物都被设计成了侧面的形象，也有少数是半侧面。这些皮影人物从来不会正面朝向观众，而是左右横向移动。需要转身时，操纵者只要快速把影人翻过来即可。

细看皮影

① 皮影人物的头部被称为"头茬"，可以拆卸。把不同的头茬替换到躯干上，就有了不同的人物。头茬刻画人物的侧脸，线条简练但意蕴丰富，可谓是"一张牛皮道尽喜怒哀乐，半边人脸收尽忠奸贤恶"。

② 皮影人物的四肢关节是可以活动的，在刻制时需要先分部件刻出，再进行组装，这样皮影人物就可以在操纵者手中做出行走、打斗等各种活灵活现的动作了。

③ 皮影人物的五官、发型、衣着等多采用镂空的手法雕出各式各样的花纹，在光影下显得精致而美丽。

④ 皮影人物表演的舞台叫"影窗"，俗称"亮子"，多用白布、细纱、绵纸等材质制成。舞台虽小，天地却大，在这一方被灯光照亮的空间，可以用皮影演绎出上下五千年的中国故事。

非物质文化遗产 INTANGIBLE CULTURAL HERITAGE

皮影戏的历史

唐

到了唐代，民间已经出现了皮影戏的表演。唐代诗人元稹的诗中，描绘了民间艺人用皮影戏表演唐玄宗与杨贵妃故事的场景。据《太平广记》记载，晚唐、五代时期，孩童们在夜间玩耍的方式之一，就是聚在一起对着灯玩皮影戏。可见这一时期，皮影戏已经深入到了百姓的生活当中。

汉

据《汉书》记载，汉武帝的爱妃李夫人因病去世，汉武帝思念不已。有一个名叫少翁的人，声称自己有办法能够让李夫人"显灵"。他在夜间点亮蜡烛，设置了一床帷帐，摆放好酒和肉，让汉武帝在另一帷帐中等待。汉武帝远远地看见帷帐之后有女子的身影，很像是李夫人的样子，但等他靠近后，却又消失不见了。少翁并非真的能够让李夫人重现，而是可能使用了类似皮影戏的手法，令汉武帝看到了形似李夫人的影子。人们把这个故事当作有关皮影戏最早的文字记载。

宋

宋代民间艺术繁荣，这一时期也是皮影戏发展的黄金时代，皮影戏成为最受市民喜爱的文艺活动之一。据记载，当时的皮影戏内容已经十分丰富，表演成分浓重。据说，有一个富家子弟很喜欢看皮影戏演绎三国故事，每每看到悲伤的情节，都忍不住伤心流泪，不得不让表演的人停一停。由此可见，这时的皮影戏已经具备了一定的感染力。在南宋时，杭州还出现了影戏行业组织"绘革社"，其中设有专门雕刻、制作皮影的职业，名为"镞（zú）影人"。

中国皮影戏

明、清

明代的皮影戏继承了前代的历史叙事方式，表演的题材主要是历史故事。清代时，皮影戏不仅受到百姓的喜爱，也吸引了王公贵族。很多王府、官邸，都以聘请名家雕刻皮影、设置皮影戏道具、私养皮影戏班为荣。

今

如今，皮影戏几乎已经遍及中国各个省区，形成了不同的流派与风格。各地的皮影形象各有特点，在表演时选用的音乐和唱腔也有所区别，带有浓郁的地方特色。较为著名的有河北唐山皮影戏、陕西华阴老腔皮影戏等。

影响世界的中国皮影戏

皮影戏不仅深受中国人民喜爱，甚至很早就流传到了海外。据说在元代，随着成吉思汗大军远征的脚步，皮影戏就已经传到了西亚、欧洲等地。13世纪，马可·波罗将中国皮影戏带到了意大利。18世纪的德国著名诗人歌德也十分喜爱中国皮影戏，他曾经以皮影戏表演来庆祝自己的生日。

中国皮影戏极具艺术特色，在有限的幕布上，艺术家们发挥想象力与创造力，操纵皮影演绎出了无限的故事，也被认为是电影艺术的先驱。

在这些藏于大都会艺术博物馆的西班牙版画中，可以见到中国皮影对其艺术风格的影响。

非物质文化遗产　INTANGIBLE CULTURAL HERITAGE

从兽皮到皮影

古代的皮影有时会用纸来镂刻，但由于纸张不易保存，后来改用驴皮、牛皮等兽皮制作，也正因此而得名"皮影"。全国各地不同流派的皮影戏主要的区别在于唱腔，但皮影的制作方法基本相似。

制作一张皮影，需要先给兽皮刮毛去血，将其加工成半透明状的薄片，然后再进行画稿、过稿、镂刻、敷彩等步骤。为了让皮影看起来惟妙惟肖，制作皮影的艺人甚至会使用多种不同的刻刀。经过了"千锤百炼"，皮影本身就是一件艺术品。

皮影人物一般分成头、身体、四肢等几部分，制作时分开刻制，演出时再组装在一起。在身体和双手上安装三根竹签，皮影艺人就可以操控影人进行各种各样的动作。除了人物以外，皮影戏的各种布景、道具也以类似的做法用兽皮制成，在影窗上映照出了一个别具一格的世界。

皮影戏的表演

皮影戏表演的场所有临时戏台和固定戏台两种，但民间大多数都是临时戏台。皮影戏班的艺人会在演出前找到合适的地方，用自带的木条、竹棍搭建戏台，随搭随演，演出结束后就可以直接拆卸。

皮影戏属于一种傀儡(kuǐ lěi)戏，一切表演都由演员操纵影人呈现给观众。观众与演员之间隔着影窗，没有直接的交流。操纵影人进行表演可能比演员亲自上台表演更有难度。演员手拿连接影人的签子来操纵皮影，用握、捏、夹、按、勾等不同手法，让影人的动作更加生动、富有变化。

一般来说，皮影戏班的演职人员不多，许多演员都需要"身兼数职"，既要操纵影人，又要演奏乐器，甚至还要演唱。只有一个演职人员的皮影戏班被称作"独脚班"，在东北、闽南等多个地区都曾出现过这样的皮影艺人。戏班最为常见的形式是前台主唱、后台协助，人数一般为二到五人不等，分工合作。人数较多的皮影戏班大约为十人左右，在表演时可以分角色演唱。

影窗背后的奥秘

传统皮影戏演出的剧目大同小异，皮影艺人想要吸引观众，在长期实践中研究出了各种"绝活"，使表演变得更加生动有趣。

变脸

影人变脸是皮影表演中的传统特技，适用范围很广，可用于表现神话故事中善于变化的神魔妖怪等，也可以用来表现角色表情、神态的变化。变脸时要事先准备好两张或多张外轮廓相同，但表情、相貌不同的脸，巧妙地藏在一个头茬里，在表演时迅速换脸。

流泪

为了更好地用皮影戏表现角色的情感，表演者们有特殊的技巧用来演绎影人流泪：事先准备好大小适当的小玻璃珠，固定在影人眼角里，当表演到影人落泪的时候，就把玻璃珠从影人的眼角处贴着影窗慢慢放下。这样，从观众的视角看起来，就好像影人真的在流泪一样。

换马片

在表演战争戏时，有时会需要表现角色飞身上马的动作。完成这个动作需要准备两套马片，一套是单独的影人和单独的马，另一套是影人摆好骑马姿势的马片，其关键在于迅速替换。

非物质文化遗产 INTANGIBLE CULTURAL HERITAGE

粤剧于2009年被列入"人类非物质文化遗产代表作名录"。

粤剧是用粤方言演唱的中国传统戏剧，有着300多年的历史，是中国南北戏曲艺术的集大成者。

南国红豆 粤韵佳音 粤剧

粤剧是中国戏曲的剧种之一，主要流行于广东省、广西壮族自治区、香港特别行政区、澳门特别行政区等使用粤方言的区域，在海外的广东籍华人聚居区也有上演。随着大批的广东籍华人旅居海外，他们所喜爱的粤剧也被带到了世界各地，粤剧因此成为中国最早走向世界的剧种。

粤剧的传统剧目有《一捧雪》《二度梅》《三官堂》《四进士》等"江湖十八本"，后来又出现了"新江湖十八本"。清朝光绪年间，出现了侧重唱功的"粤剧文静戏"。后来，人们又对电影、小说以及传统剧目进行改编，并创编新戏。

与京剧的生、旦、净、丑四大行当相比，粤剧的行当显得复杂一些。粤剧原本有十大行，后来精简为"六柱制"，即文武生、小生、正印花旦、二帮花旦、丑生、武生。

粤剧的表演带有质朴粗犷的特色，武打动作以南派武功为主，在大锣大鼓中营造出炽热的舞台氛围。在装扮上，粤剧较为简练，色彩浓艳，与庄重古典的京剧、清雅的昆曲有着不同的风格。

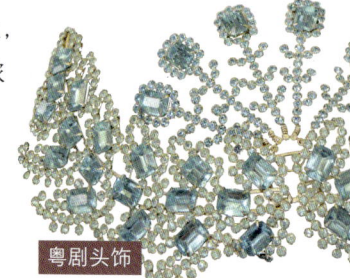
粤剧头饰

粤方言

用粤方言演唱是粤剧最鲜明的标志,这一特点大约是在20世纪初期形成的。

粤方言是汉语的重要方言之一,俗称"广府话""广东话",也称"粤语",当地人习惯称之为"白话",主要分布于广东省中部和西部、广西壮族自治区东部和南部,以及香港特别行政区和澳门特别行政区。在东南亚和北美的华人社区中,粤方言的使用频率也很高。海内外粤方言使用者大约有6800万。

语音方面,粤方言中既保存了较多的古代汉语特征,又在与其他民族语言接触的过程中吸收了壮语、侗语的成分。词汇方面,粤方言中有大量特色方言词,常用口语词汇中也包含许多古汉语词汇。

海纳百川

从诞生之日起,粤剧就不是一门孤立的艺术,而是以包容的心态持续吸纳着各类艺术元素。

明末清初,弋阳腔、昆山腔传入广东,由此产生了广东的"本地班",他们所唱的声腔被称为"广腔"。清中期,广东本地班在演出中以西皮、二黄作为基本曲调,兼收高腔、昆腔、广东民间乐曲等音乐元素,逐渐形成了粤剧。至今,粤剧中共有600多个曲牌,在其中可以找到全国戏曲艺术的元素。粤剧在发展过程中不断吸收各种戏曲、音乐的精华,保持着长久的活力。

除了在曲调、唱腔方面的兼收并蓄以外,粤剧中也可以见到其他种类艺术的身影。粤剧演员穿着的绚丽精美的戏服一般采用广州刺绣绣成,富有地方特色。广州刺绣简称广绣,是中国四大名绣中粤绣的重要组成部分。粤剧也广泛吸收了当地的牙雕、灰塑、陶瓷等具有地方特色的艺术形式,充分体现着广府的地域文化。

非物质文化遗产 INTANGIBLE CULTURAL HERITAGE

千载南音共此时
南音

南音是中国现存最古老的乐种之一,是集唱、奏于一体的表演艺术,有着"中国音乐历史的活化石"的美誉。

南音,也称"南曲""弦管",是一种有着上千年历史的乐种。一般认为,南音起源于唐代大曲。大曲随着人口南迁传入闽南地区后,与当地的音乐相结合,逐渐形成了这种特殊的音乐形式。福建泉州是南音的发祥之地,南音也是用当地方言来演唱的。

南音的表演形式

南音是一种综合性的音乐文化概念,由"指""谱""曲"三大类组成。"指"即"指套",是有词有谱并标明了琵琶指法的套曲;"谱"是没有唱词的器乐演奏套曲,这类乐曲具有说明主题思想的标题,能够让听众从曲中联想到曲名提及的景象,较为著名的有《梅花操》《百鸟归巢》《四时景》;"曲"即"散曲",以歌唱为主,用乐器伴奏,是南音中曲目数量最多、最受喜爱的一类。

南音的表演阵容由拍板、琵琶、三弦、洞箫等乐器组成。舞台中央的演员双手执拍板而歌,边唱边用它来打拍子,琵琶、洞箫等乐器的演奏者分列两侧。古书中所描述的"丝竹更相和,执节者歌"的演奏场景,在南音中体现得淋漓尽致,并一直保留到了今天。

南音

来自唐朝的"南琶"

南音于2009年被列入"人类非物质文化遗产代表作名录"。

琵琶是一种常见的拨奏弦鸣乐器,得名于古代模拟弹拨手法的形声字,向前弹出叫"琵",向后弹进叫"琶"。演奏南音所用的琵琶被称为"南音琵琶",也称"南琶",外形与通常所见的北琵琶不同,反而更接近1000多年前的唐代琵琶。

南音琵琶的琴颈向后弯折,弹奏时横向抱在怀中,这些特点都是自唐代沿袭至今的。但与唐代琵琶不同的是,现在的艺术家演奏南琶时不再使用形如木片的拨子,而是直接用手指拨动琴弦,丰富了琵琶的表现力。

独特的曲谱

南音有着别具一格的记谱形式,以乂(yì)、工、六、思、一五个字,分别对应宫、商、角、徵、羽五音,填上曲词,配以表示琵琶指法和节拍的符号,自成体系。这种乐谱的历史十分悠久,被称为"工乂谱"。了解工乂谱的人们看到数百年前的南音古曲乐谱,就能够没有障碍地演奏出来。

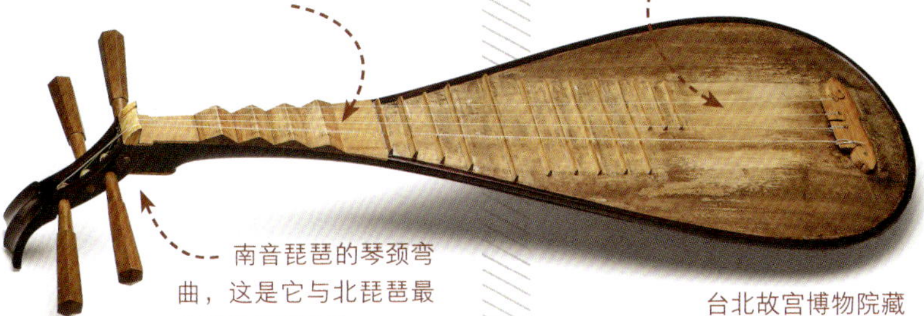

琵琶共有四根琴弦,白居易在《琵琶行》中以"四弦一声如裂帛"形容琵琶的声音清脆有力。

这里是演奏者拨动琴弦的地方,从琴身的颜色能够看出磨损的痕迹。

南音琵琶的琴颈弯曲,这是它与北琵琶最直观的不同之处。

台北故宫博物院藏

非物质文化遗产 INTANGIBLE CULTURAL HERITAGE

雪域高原上的独特药浴

藏医药浴法

藏医药浴法在藏语中被称为"泷（lóng）沐"，是藏族人民以"三因五源"的观念为指导，通过沐浴天然温泉或是决明子、青蒿等药物熬煮的水汁、蒸汽，实现防治疾病、保持身体健康的传统知识和实践，广泛流布于西藏、青海、四川、甘肃、云南等地的藏族聚居区。它承载着藏族的天文历算、自然博物、仪式信仰、行为规范、起居饮食等多方面的传统知识，也通过藏族神话、传说、史诗、戏剧等文化艺术形式得到了广泛的传播。

青蒿

白野蒿

决明子

侧柏叶

独活

藏医药浴法是藏医学的重要组成部分，更是世界文化多样性和人类创造力的见证。

药浴法的形成

有着"世界屋脊"之称的青藏高原，海拔高，面积大，自然条件复杂多样，天然的地貌特征使这里蕴藏着丰富的地热资源和温泉。据不完全统计，西藏拥有数以千计的温泉，为古代藏医探索沐浴疗法提供了条件。

很早以前，藏族人民就会通过泡温泉来治疗疾病。《西藏志》曾记载："七月十三日，其俗将凉棚房下于河沿，遍延亲友，不分男女，同浴于河，至八月初五始罢，云：七月浴之则去病疾。"

藏医药浴法

三因五源

  藏医学中的"三因"分别为"隆""赤巴""培根",藏医认为这三者是构成人体的三种基本要素,它们各司其职,保持着相对的平衡状态。其中,"隆"意为风,主呼吸;"赤巴"意为火,主身体的热能;"培根"意为土,主各种体液。藏医学中认为,三因互相依存、互相制约、互相协调,共同维持人体的正常机能。

  "五源"指的是藏医学概念中的五种基本物质,分别为土、水、火、风、空。五源学说也是藏族人民心中的生命观。在藏族人民的哲学观念中,宇宙是由这五种物质构成的,药物的生长也与这些元素息息相关。

藏医药浴法于2018年被列入"人类非物质文化遗产代表作名录"。

非遗博览

《四部医典》

  现存最早的古代藏医文献,也是藏医学史上最有影响力的经典著作,作者是唐代杰出藏医学家宇妥·元丹贡布。全书以藏族神话人物的对话、问答方式写成,共分为四卷,涉及藏医学的理论和实践等丰富的内容。现在,《四部医典》除藏文本以外,还有蒙古文、汉文等多种译本。

  但是由于温泉资源分布不均,且天然温泉受到季节和气候条件的限制,许多病人无法及时得到治疗,藏医就尝试用药物来模仿和替代天然温泉沐浴。青藏高原属于高寒地区,动植物种类较为稀少,但在这种高山氧气稀薄的自然环境中,仍然生长着一些耐寒的动植物,藏医学就从这些动物、植物,以及矿物中取材入药。于是在这样的背景下,藏医药浴法逐渐形成了。

  藏医药浴法还发展出了多种处方,用来治疗不同的疾病,也形成了药水浴、熏蒸、缚浴等不同的药浴形式。

非物质文化遗产 INTANGIBLE CULTURAL HERITAGE

端午粽情长
千里闻艾香 端午节

端午节是中国重要的传统节日，至今已有2500余年的历史。

每年的农历五月初五，家家户户都会吃粽子、挂艾叶，以迎接夏季的重要传统节日——端午节。

端午节有许多别称，如端阳节、重午节等。按照我国传统历法中的地支推算，五月为"午月"，五月初五是仲夏月的第一个"午日"，所以被称为"重午""端午"。后来，数字逐渐取代了干支计时体制，但端午节的名称仍旧被保留了下来。

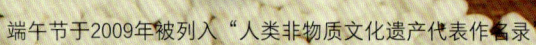
端午节于2009年被列入"人类非物质文化遗产代表作名录"。

端午节

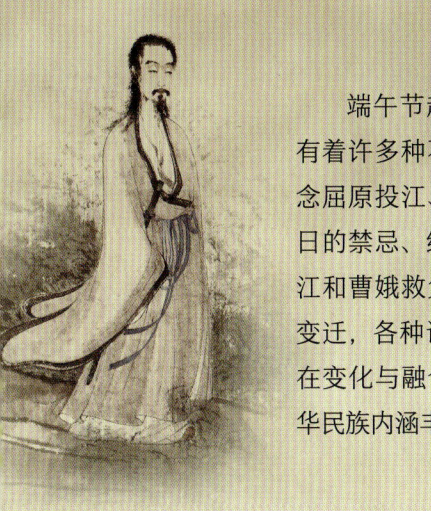

端午节起源于民间习俗，有着许多种不同的传说，如纪念屈原投江、始于五月五日毒日的禁忌、纪念伍子胥投钱塘江和曹娥救父等。随着时代的变迁，各种说法与民间习俗也在变化与融合，逐渐形成了中华民族内涵丰富的传统节日。

非遗博览

天干地支

中国传统历法中的一种纪年、纪日的方法，简称"干支"。天干共有甲、乙、丙、丁、戊（wù）、己、庚（gēng）、辛、壬、癸（guǐ）十个，地支共有子、丑、寅、卯、辰、巳、午、未、申、酉、戌（xū）、亥十二个。天干与地支两两组合，形成甲子、乙丑、丙寅等，每六十个为一个周期。古人也会把一天分为十二个部分，称为"十二时辰"，以地支来代表每个时辰。

端午节不仅盛行于广大汉族地区，也在壮族、布依族、侗族、土家族、仡佬族等民族的聚居区流传，是多民族共享的节日。端午节的习俗不仅传遍全国各地，其影响力甚至到达了韩国、越南等国家。端午节对于研究民俗文化发展、民族文化往来、国际文化交流、传统体育、饮食文化等都有着重要的价值。

非物质文化遗产 INTANGIBLE CULTURAL HERITAGE

从恶日到佳节

中国古人把五月当作"恶月",这时是阴气与阳气交汇斗争最为激烈的时刻,因此端午节有诸多用来驱邪消灾的习俗,人们也会在这一天祭祀以求保佑。过去,百姓会在门上悬挂蝎子、蜈蚣、壁虎、蛇、癞蛤蟆这五种动物的图像,并在它们身上各刺一针,称"驱五毒"。

虽然纪念屈原是关于端午节起源的最具影响力的说法,但实际上,端午节可能比屈原的故事更为古老。随着纪念先贤的文化与原本的端午节习俗合并后,人们逐渐淡忘了这个节日的原义,端午节成为一个全民性的节日,兼具文化性与娱乐性,历经数千年仍然有着旺盛的生命力。

端午节

端午节的传说

◇◇◇◇ 孝女曹娥 ◇◇◇◇

传说在东汉时期，有一位著名的孝女曹娥。她的父亲是一名负责祭祀的巫祝，在端午节祭祀时溺亡于江中。当时只有14岁的曹娥在江边日夜号哭，哭了7日，仍然没有见到父亲的尸首，于是她毅然跃入江水中寻找。

人们为她的精神所感动，修建了曹娥庙、曹娥碑来纪念她。自那以后，人们也会在端午节纪念曹娥，端午节的文化意义也变得更为丰富了。

◇◇◇ 爱国诗人屈原 ◇◇◇

屈原是战国时期楚国的大臣，他为人忠诚耿直，具有政治才能，主张变法强国，却因此遭到其他大臣的反对。他们向当时的楚国国君楚怀王进谗言，昏庸的楚怀王因此疏远了屈原。被君王疏远、贬谪的屈原救国无门，眼看楚国危在旦夕，一腔热血都化作悲愤，写下了流传千古的长诗《离骚》以及其他许多不朽的名作。

大约在公元前278年，秦国军队攻破了楚国都城郢（yǐng）都，屈原在绝望之下，自沉于汨（mì）罗江。相传，沿江的百姓纷纷乘船前去打捞，沿着水岸招魂，并向水中投粽子，以免鱼虾蚕食屈原的身躯。

◇◇◇ "烈丈夫"伍子胥 ◇◇◇

伍子胥生活在春秋时期，原本为楚国人，因楚王听信谗言，杀死了他的父亲和兄弟，他便逃到了吴国，并跟随吴国军队攻入楚国，为亲人报了仇。司马迁曾评价伍子胥是一位"烈丈夫"。

吴王夫差即位后，伍子胥多次反对他的做法，引发了吴王的不满。公元前484年，吴王决定除掉伍子胥。伍子胥临死前，叫人传话给吴王，断言吴国一定会被灭国。吴王听后非常生气，命人在五月五日把伍子胥的尸体投入钱塘江。江苏苏州、浙江嘉兴等地的端午节就源自于纪念伍子胥。

41

非物质文化遗产 INTANGIBLE CULTURAL HERITAGE

端午节的习俗

吃粽子

粽子是端午节的传统美食，流行于全国各地，一般用箬（ruò）叶或芦苇叶包裹糯米制成。据记载，在春秋时期就有了用叶子包成的"角黍"和用竹筒装米制成的"筒粽"两种。晋代时，粽子被正式定为端午节的节令食品。到了南北朝时期，粽子中不只有糯米，还出现了添加禽肉、板栗、红枣等食材的杂粽。

端午节包粽子、吃粽子的习俗一直流传到了今天。端午节这一天，家家都会洗粽叶、浸糯米，但不同地区所用的馅料有所不同。北方多包小枣馅的枣粽，南方则有豆沙、蛋黄、火腿、鲜肉等多种馅料的粽子。

饮雄黄酒

端午节时，古人会用雄黄泡酒饮用，或者在小孩的额头用雄黄酒画"王"字，代表着老虎。雄黄是一种中药材，能够解虫蛇毒；据说老虎也是驱邪之物，可以祛恶辟邪。但雄黄具有毒性，贸然服用雄黄酒容易造成中毒。

端午节

佩五色丝线

端午节给孩子在手腕或脚腕等处佩戴五色丝线，寓意祛恶辟邪。五色丝线象征着五色龙，在端午节之后摘下它，扔进水中冲走，寓意着坏运气也一起被冲走了。

佩香囊

端午节时，小孩会佩戴香囊。香囊中装有白玉兰、丁香、金银花、木香等多种植物药材，相传有着祛除晦气、驱赶蚊虫等功效，也可以作为一种装饰。

悬艾叶、挂菖蒲

人们认为艾叶、菖蒲有着辟邪的作用，因此会在端午节把它们插在门楣之上，有时也会用艾叶、菖蒲煮水沐浴，或是把它们与榴花、蒜头等植物一起制成人形或虎形，称为"艾人""艾虎"。

赛龙舟

赛龙舟是端午节的主要习俗之一，端午节也有龙舟节的别称。相传这一习俗起源于楚国人不舍屈原投江，争相划船追赶拯救的故事。后来每年的端午节，人们都会在急促的鼓声中划龙舟作为纪念，并进行比赛。这样的风俗最迟在晋代就已经形成了。

据说，古代龙舟竞赛的规模非常宏大，官员、百姓都会到水边观看。唐代诗人张建封在《竞渡歌》中描绘了这一盛大场面："鼓声三下红旗开，两龙跃出浮水来。棹影斡（wò）波飞万剑，鼓声劈浪鸣千雷。"参赛者在如雷的鼓声与飞溅的水波中划动龙舟进行竞赛。

沟通着人与自然的盛大庆典

羌年、麦西热甫、送王船、妈祖信俗承载着各地人民的风俗习惯与文化。

在我国的非物质文化遗产项目中，有些与庆典、仪式相关。这些活动历史悠久，至今仍时有举行。在人们的眼中，歌舞、演奏、祭祀有着沟通人与自然的力量。

羌年是生活在四川的羌族人民一年中最重要的节日之一，麦西热甫是新疆维吾尔族人民的一种特殊的民间娱乐形式，它们蕴含着不同民族古老而珍贵的民族文化。

送王船和妈祖信俗则与我国东南沿海一带的民间信俗息息相关。那里的人们与海洋相伴相生，海洋虽然丰饶美丽，同时也充满危险，这些信仰蕴含着人们对美好生活和航海平安的期望与追求。

羌年于2009年被列入"急需保护的非物质文化遗产名录"。

羌年

在春秋战国时期，古羌人的一支从青海、甘肃迁居到了四川省西北部的岷江上游，逐渐形成了今天的羌族。羌族人民发展出了独具特色的文化，他们擅长刺绣、挑花、编织技艺，也有着精湛的建筑艺术。

羌年是羌族人民最隆重的传统节日之一，热闹的羌年庆祝活动不仅展示了羌族人民对传统文化的珍视和传承，也吸引着其他民族的人们前来感受羌族文化。

咂酒的饮法十分特别，把长长的吸管插入酒坛中吸饮。

羌族人围成一圈跳沙朗。

羌历新年

羌年又称"日麦节"，也叫"羌历新年""过小年"等，一般在农历十月初一，主要流行于四川省阿坝藏族羌族自治州茂县20多个乡镇的广大羌族聚居区，也流传于汶川县、理县等地的羌族分布地区。然而近年来，由于人口迁徙与外来文化的不断冲击，年轻人对羌年的兴趣减弱，加上羌族聚居区曾因自然灾害遭到破坏，羌年因此陷入岌岌可危的状态，急需保护。

载歌载舞

农历十月初一，羌族人民的庄稼一般已经收割完毕，正处于农闲。在为期3~5天的羌年庆典里，各个羌寨会在德高望重的老人的主持下，举行隆重、热烈的庆祝活动。男女老少都会身穿盛装，在草坪上载歌载舞，他们的舞蹈名为"沙朗"。随后羌族人还会饮用咂酒，彼此分享美食，共祝新年。羌年集礼仪、历史、歌舞、饮食于一体，体现着羌族人民自然崇拜、先祖崇拜的情怀与文化。

麦西热甫

麦西热甫于2010年被列入"急需保护的非物质文化遗产名录"。

歌舞与游戏

维吾尔族不分男女老少，个个能歌善舞，歌舞在麦西热甫中是非常重要的一部分。

常见舞蹈有赛乃姆、刀郎舞等。"赛乃姆"一词在维吾尔语中的意思是美丽的偶像，也可以用作美丽姑娘的名字，这种舞蹈最大的特点是舞者对于头、手等身体部位的细致运用。刀郎舞是麦西热甫舞蹈中历史悠久、形式完整的自娱性舞蹈之一，反映了在沼泽、森林、沙漠等地带居住和狩猎的刀郎人的生活，舞者上身挺拔，胸部舒展，动作以肩部和臂部为主，脚步沉稳。麦西热甫上的音乐唱词短小，节奏欢快，维吾尔族人常常用手鼓敲打节拍，演奏各种具有民族特色的乐器，既能作为音乐表演，也能为舞蹈伴奏。

在麦西热甫中，游戏与歌舞一般相互穿插，使得麦西热甫更加丰富多彩。

"惩罚"环节

"惩罚"是麦西热甫活动中富有趣味的一个部分。参与麦西热甫的人们会推选出一位办事公正、有威望的人来担任"首领"，负责对违反纪律的人进行惩罚。这些违规行为包括无故迟到、未经允许就离开现场、舞中破坏秩序等。

不过，所谓的"惩罚"实际上就是一种娱乐方式。受罚者可能会被要求完成一些任务，参与各种游戏。这些惩罚充满了喜剧色彩，即便是受罚者也能从中获得快乐。这个环节不仅能让人们遵守麦西热甫的纪律，而且提供了一种欢乐的方式来促进友谊。

"麦西热甫"在维吾尔语中意为聚会、场所，是古代维吾尔族先民祭祀、祈福、庆典活动的遗存和发展。麦西热甫按文化功能可以分为很多种，如歌舞麦西热甫、游戏麦西热甫、迎宾麦西热甫、丰收麦西热甫等。

完整的麦西热甫包含戏剧、音乐、舞蹈、口头文学、杂技等一系列维吾尔族传统表演艺术，不受时间与地点的限制，不分演员和观众，每个人都是这场盛大聚会的参与者。他们的舞蹈并没有统一规定的动作，穿插在游戏或是节目表演之间。

欢快的麦西热甫充分地反映了维吾尔族人民积极向上、幽默乐观的天性。同时，这项活动既可以锻炼人们的心智以及身体的灵敏度，有益于身心健康，还具有传递信息、交流情感的意义。

送王船于2020年被列入"人类非物质文化遗产代表作名录"。

送王船

送王船是一项广泛流传于中国闽南地区以及马来西亚马六甲沿海地区的禳（ráng）灾祈安仪式。这项传统仪式明清时期就已在我国闽南地区形成，随着人口迁徙与海上贸易，逐渐传播到中国台湾省，并影响了东南亚等地。然而自20世纪40年代起，送王船习俗曾一度中断了数十年，直到80年代才又重新恢复。

送王船又称"烧王船""做好事"，它植根于东南沿海的闽台地区信仰"王爷"的民间信俗，是这一信仰中最为核心的仪式。当地民众认为，在海上风浪中遇难的人们，灵魂无处归依，四处漂泊，举办送王船仪式也是为了让这些灵魂与王爷一同离去。

送王船是中华文化在海上丝绸之路沿线国家传播与交融的生动例证，它在人口迁移和海上贸易的历史进程中，成为增进人与人之间联系的纽带，促进了群体之间、族群之间的长期互动与和平共处，有着深远的影响。

代天巡狩王爷

在闽台地区,很多地方都有王爷宫。许多王爷宫并不供奉神像,而是以一块写着"代天巡狩"的匾额作为替代。当地民众认为,王爷会在特定的时期来到人间巡视,扶危救困,之后再重返天庭。

"王爷"的称谓意味着尊崇、敬畏,它并不确切地指代某一位神,而指的是一个类似于神的群体。各地关于王爷由来的说法也不尽相同,主要可分为以下几类:一类说法是王爷来源于 36 名或 360 名被冤死的儒生、进士;另一类说法是王爷来源于一位避免了瘟疫扩散的义士,也有一类说法是王爷来源于勤政爱民或为民献身的历史人物。

驶向海洋

在闽南,送王船仪式一般每 3~4 年举办一次,大多在秋季东北季风起时举行,但在马来西亚的马六甲,则多于农历闰年于旱季择吉日举行,仪式活动历时数日,甚至有时长达数月。

王船是人们仿照传统官船的形状以一比一的比例制造的,一般所用的材料是木材或木骨糊纸,在举行仪式前很长时间就会开始准备。船上绘有鲜艳的彩绘并插着彩旗,还装饰有纸扎的神、水手等人物。王船制作好后,人们会用一种名叫"筊(jiǎo)杯"的物品进行占卜,确定送王船仪式的日期。

届时,人们会先在海边、滩地进行迎请王爷的仪式,用各种供品祭拜王爷及众神灵。"送王"时,民众敲锣打鼓为王船开道,将王船送至海边或其他指定地点,点燃王船下的柴火,进行王船火化仪式。在熊熊大火中,华丽的王船慢慢化为灰烬,灰烬被海水带走,带走了人们对亡者的思念,人们期待着又一个太平丰收的年景。

妈祖信俗

　　妈祖是中国东南沿海一带海神信仰的核心人物,她也被称为"天妃""天后""天上圣母""娘妈"等。作为中国历史上影响力最大的航海保护神之一,妈祖得到了历代船工、海员、旅客、商人和渔民的共同信奉。相传,妈祖原本是公元10世纪生活在湄洲岛上的一位名叫"林默"的女子,后来逐渐成为人们信仰中的女神。

　　作为当地口述历史、地方信仰和民间习俗的重要核心,妈祖的信徒遍布中国沿海地区。她集无私、善良、亲切、慈爱、英勇等传统美德于一体,是人们心中的精神象征和女性代表。纪念妈祖已经成为重要的文化活动,深深融入沿海居民的生活。妈祖的纪念是促进家庭和谐、社会和谐以及居民的社会认同感的重要文化纽带。这种民俗已经传播到东南亚、朝鲜、日本、北美等20多个国家和地区,妈祖成为两亿多民众崇拜的对象,并持续至今。

妈祖信俗于2009年被列入"人类非物质文化遗产代表作名录"。

妈祖祭典

在湄洲岛，每年会举行两次正式的庙会，地点一般在福建莆田湄洲祖庙广场和新殿天后广场，其中一次举办日期为农历三月二十三日，相传这一天是妈祖的生日。庙会通常持续约45分钟，当地居民用丰盛的海洋祭品祭拜。其他较小型的仪式则在世界各地超过5000座妈祖庙与私人处所举行，居民献花、点蜡烛、烧香、放爆竹，并在傍晚点起妈祖灯，祈求怀孕、和平、好运等。

妈祖在中国台湾省被尊为"天上圣母"。每年有超过10万台湾同胞奔赴湄洲祭拜妈祖。

妈祖的传说

林默生于北宋建隆元年，即公元960年，是福建莆田湄洲岛一个普通的渔家女。由于她与其他婴儿不同，自出生后至满月的一个月间从不啼哭，父母为她取名"林默"，也称呼为"默娘"。

传说，林默自幼天赋异禀，5岁时便能读书，年少时曾拜某位老道为师，长大后擅长医术、精于占卜，并通晓天文气象。她依靠所能，悬壶济世，为人看病抓药，帮助许多渔民在出海前预测吉凶，而且立誓终身不嫁，行善救人。

然而，在一次营救海难幸存者时，林默不幸死于海中，失去了年轻的生命，当时她才刚刚28岁。也有说法是，她在28岁这年登上高山，羽化成仙。湄洲岛的人们为了纪念这个勇敢善良的女子，为她修建了寺庙。在代代的口耳相传中，她逐渐成为航海保护神——妈祖。

现在，妈祖的神像时不时会被人们从湄洲岛护送到国内外其他地方，供当地的信众参拜，这一活动被称为"妈祖巡安"。

广州南沙天后宫前的妈祖像

图书在版编目(CIP)数据

匠心巧思 / 日知图书编著 . -- 北京：北京联合出版公司，2024.1（2024.9 重印）

（非遗里的中国）

ISBN 978-7-5596-6599-7

Ⅰ.①匠… Ⅱ.①日… Ⅲ.①非物质文化遗产－中国－少儿读物 Ⅳ.① G122-49

中国国家版本馆 CIP 数据核字 (2023) 第 199523 号

非遗里的中国
匠心巧思

出 品 人：赵红仕
项目策划：冷寒风
编　　著：日知图书
责任编辑：牛炜征
项目统筹：李　晨
特约编辑：李　晨
美术统筹：张静翔　吴金周
封面设计：罗　雷

北京联合出版公司出版
（北京市西城区德外大街83号楼9层　100088）
文畅阁印刷有限公司印刷　新华书店经销
字数25千字　720×787毫米　1/12　5印张
2024年1月第1版　2024年9月第2次印刷
ISBN 978-7-5596-6599-7
定价：135.00元（全3册）

版权所有，侵权必究
未经书面许可，不得以任何方式转载、复制、翻印本书部分或全部内容。
本书若有质量问题，请与本社图书销售中心联系调换。
电话：010-82021443

Cultural Heritage

非遗里的中国

[薪火相传]

日知图书 ◎ 编著

China Intangible Cultural Heritage

北京联合出版公司

目录

纸短情长 ……………… 2
宣纸传统制作技艺

乘风破浪的秘密 ……………… 8
中国水密隔舱福船制造技艺

一片桑叶织造锦绣华章
中国传统桑蚕丝织技艺

14

金色谷地上的希望
热贡艺术

12

春色如许六百年 ……………… 20
昆曲

指掌间演绎的传奇 ……………… 24
福建木偶戏后继人才培养计划

长安城里的交响乐
西安鼓乐

26

拳里乾坤大 ·················· 28
太极拳

36
传唱千年的民族史诗
赫哲族伊玛堪
格萨(斯)尔
玛纳斯

一片茶叶的辉煌史
中国传统制茶技艺及其相关习俗
30

CONTENTS

非物质文化遗产　INTANGIBLE CULTURAL HERITAGE

纸短情长
宣纸传统制作技艺

宣纸传统制作技艺于2009年被列入"人类非物质文化遗产代表作名录"

造纸术是我国四大发明之一，宣纸是传统手工纸品最优秀的代表，二者都对中华文化有着深远的影响。

纸是人类记事和传递信息、表达情感的载体，是书法、绘画的工具，承载着历史、文化、思想，见证着中华文明数千年来的发展。

宣纸是我国传统手工纸品的代表，是中国书法、绘画的高级艺术用纸，距今已有1500多年的历史。宣纸质地独特、品质优良，具有绵软坚韧、百折不损、防腐防蛀等优点，因此有"纸中之王"的美称，至今仍不能被机制纸所取代。

"宣纸"这一名称最早见于唐代书画评论家张彦远的著作《历代名画记》。宣纸因产于宣州（今安徽宣城）而得名，后来逐渐成为中国传统书画用纸的代称。

诞生之路

1 取材

"宣纸制作，首在于料。"制作宣纸的主要材料为青檀（树）皮和沙田稻草，树皮被称为"皮料"，稻草被称为"草料"。其中皮料经砍条、剥皮、渍灰等工序制成皮坯，然后加碱水蒸煮、洗涤、摊晒成为青皮，再经多次反复的蒸煮与摊晒，才能成为可供造纸的燎皮。草料的处理与皮料类似，使用的稻草须为陈年稻草，并且要在水中经过长时间埋浸和堆腌，之后在石滩上摊晒，承受日晒与雨淋。经过这些工序，原料纤维才会变得洁白细腻、不易变色、耐久性好。

宣纸传统制作技艺

2 打浆

工人们会先仔细地去除皮料和草料中的杂质，以免影响宣纸的品质。先后经过"碓（duì）皮""臼草""切皮"等工序后，皮料和草料的纤维分别被切断。工人们会把它们放入布袋中清洗干净，并根据所造纸张品种不同，将皮料、草料按一定配比混合成为纸浆。树皮的纤维相对较长，在宣纸中起骨架作用；稻草的纤维较短，填充在其间，皮与草的长短纤维就是在这一步结合在一起的。

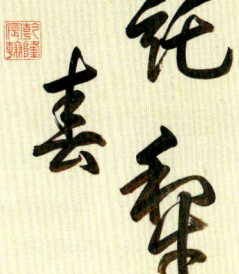

4 干燥

晒纸工人会小心地把宣纸重新浇湿，撕掉最外层的纸并洗掉四周的污渍，之后抬入专门用于晒纸的房间，把宣纸逐一分开，吸附在垂直的墙面上，用特制的刷子把纸面刷平并烘干。

传统的刷纸手法名为"十六刷"，包括吊拐、托晒、抽心、半刷、破额拐等动作，从中可以看出工人的水平高低。

3 抄造

抄纸时所用的纸帘，是由工人把竹子抽成细细的竹丝后用类似织布的方式编织而成的，纸帘竹丝的粗细决定了造出来的纸的厚度。工人还会提取植物枝条中的汁液，制作出一种"纸药"，倒入纸浆与水的混合物中，这样做有利于纸浆在水中形成均匀的絮状物，此时就可以用提前做好的纸帘抄纸了。抄纸一般由两位师傅合作完成。"一帘水靠身，二帘水破胸"的口诀描述了抄纸的要点。把抄出的湿纸从纸帘上揭下后，需要经过压榨、晾晒等步骤，去除纸里的水分。

非物质文化遗产 INTANGIBLE CULTURAL HERITAGE

纸载春秋

中国造纸技艺的诞生和发展经历了漫长的历史过程。人们曾在龟甲、兽骨等材料上刻画符号，也曾把文字留在青铜钟鼎上，还曾使用简牍、丝帛等材料来写字。但它们有的太过笨重，有的造价昂贵，都不是足够理想的书写材料，植物纤维纸也就应运而生。

东汉时的蔡伦改良造纸术，制成"蔡侯纸"；唐代时宣纸问世；近年来宣纸传统制作技艺仍在创新……一代代的造纸人通过千锤百炼，不断改进造纸工艺和技术，造就了中华文明中一页灿烂的篇章。

萌芽期

20世纪的考古成果表明，早在西汉时期，中国就已有纸。虽然1957年在陕西省西安市发现的"灞（bà）桥纸"后经专家判断可能并不是真正的纸，只是被压扁的麻絮，但考古学家在甘肃、新疆等地的汉墓、窖藏中还是发现了许多生产于西汉的粗纸，根据出土地点不同，它们分别被命名为罗布淖尔纸、查科尔帖纸、金关纸、放马滩纸等。

其中，甘肃放马滩出土了纸质地图的残片，表面平整，用细细的墨线绘制出了山脉、河流等图形，这说明西汉时的纸已有一些能用于写字绘图。

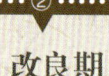
放马滩纸

改良期

东汉的蔡伦是中国造纸术的重要改革者。虽然在西汉时已经有了纸，但当时的纸张质地粗糙，不便使用。他组织了一批能工巧匠，在前人经验的基础上对造纸技术进行改进，丰富了造纸的原料，改良了造纸的工序，造出达到实用水平的植物纤维纸。蔡伦使纸的使用变得更加广泛，造纸技术也得以流传和发展，成为人类历史上的重大发明。在蔡伦之后，还有一位造纸家名为左伯，古人称赞左伯制造的纸张"妍妙辉光"。

宣纸传统制作技艺

复兴期

元、明、清三代集历代造纸经验之大成，虽发展较为迟缓，但人们对造纸技术的改进使得工艺流程更加规范合理。晚清以来，宣纸制造业受到战乱影响，几度减产甚至停产。到了现代，随着文化的再度繁荣，宣纸制造业重新兴旺起来。在造纸人的努力下，宣纸品种从60多种增加到了150多种，恢复了失传已久的几种宣纸的制造，还创造了"三丈三"大纸等新的品种。

③ ④

全盛期

隋、唐、宋三代是造纸的全盛期，其中以唐代为最，堪称巅峰，宣纸也是在唐代诞生的。

据《历代名画记》记载，唐代书画家已经开始使用宣纸。从前的古画大多在绢上完成，唐代画家韩滉（huàng）是目前所见最早用纸作画的人，他所画的《五牛图》历经千年仍然保存完好。唐代官办与民间的造纸作坊星罗棋布，造纸技艺日益提高、完善。南唐后主李煜非常喜爱当时徽州产的宣纸，把它们收藏于宫中的澄心堂里，这种纸因此得名"澄心堂纸"，在宋代就已是珍贵难得的书画名纸。在北宋时期，人们已经可以用废纸造出名为"还魂纸"的再生纸，这标志着北宋造纸业达到了新的高峰。

非遗博览

文房四宝之乡

笔、墨、纸、砚统称"文房四宝"，它们是中国传统书法、绘画创作中必不可少的工具。值得一提的是，宣纸、宣笔、徽墨、宣砚等名品都出产于安徽宣城。一座城市能够同时出产笔、墨、纸、砚，宣城因此声名远扬，受到历代文人墨客的追捧和喜爱，还获得了"文房四宝之乡"的美誉。

唐代韩滉所画的《五牛图》，现藏于故宫博物院。

宣纸的分类

生宣

生宣是一种直接从纸槽里抄出后烘干而成，没有经过特殊处理的白纸，其柔韧细腻，不易破损。用生宣作泼墨画、写意画，可以显示出墨的浓淡干湿，突显笔触的变化和魅力。在唐代时，人们较少使用生宣。到了宋代，书法着重表现个性和意趣，通常以韵味和意境为审美标准，因此多用生宣呈现行书和草书不拘一格的笔法。此外，生宣也是用来加工熟宣和半生半熟宣的材料。

熟宣

在生宣表面刷上由胶液与明矾（fán）混合制成的"胶矾水"，并经过砑（yà）光、拖浆、填粉、洒金、加蜡、拖胶等不同的工序加工，就制成了熟宣，也叫"矾宣纸"。熟宣的特点是不容易渗透水墨，可以画出细致的颜色和线条，适合书写楷隶和小字，或画工笔画。造纸工人也可以根据书画家特殊的需求，制作出相应的熟宣纸。早在唐朝时官府就专门设置了作坊来制造和加工纸张，还有专门制作熟宣的工匠。

半生半熟宣

半生半熟宣是一种介于生宣与熟宣之间的纸。制作半生半熟宣用的是一种名叫"拉浆"的手法，即把生宣从熟豆浆汁或白芨汁、糯米汁加上骨胶等填充材料的浆液中轻轻拖出，之后再晾干。这种纸的表面附着上了一层浆液，渗墨的效果弱于生宣、强于熟宣。半生半熟宣有净皮豆腐笺、净皮煮硾宣、玉版宣等品种，适合笔法放纵程度小于写意画的"小写意"。

"纸"尽其用

光滑洁白、品质优良的宣纸是文房之宝，其他种类的纸也被人们利用在各种地方。纸扇、纸伞、纸窗……轻盈透光、如绢如绸的纸，在古人的日常生活中几乎无处不在。

灯笼

在较有韧性的纸表面涂上桐油，纸就有了防水的功能，可以用来制作灯笼。把纸糊在灯笼骨架的表面，既能透光，也能防止灯火被风吹灭。

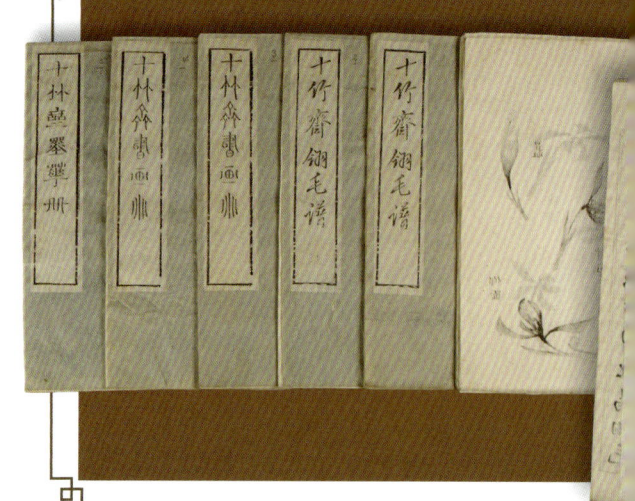

宣纸传统制作技艺

纸扇
古人常用纸制作折扇，还会在扇面上进行书写、绘画，使扇子兼具艺术性与实用性，扇面画也成为一种特别的绘画形式。

纸窗
在使用玻璃做窗户之前，古人会在窗框上糊纸，纸能起到一定的防风和保温的作用。油纸、麻纸、桑皮纸等品种都曾被用来糊窗。

纸伞
制作纸伞的纸与灯笼类似，传统的伞也因此被称作"油纸伞"。油纸伞制作流程复杂，成品轻便而美观。

书籍
造纸术的发展也使得书籍大量增加，纸张可以用于抄书或印书，比简牍轻便很多。在古代，北方书籍多用麻纸、皮纸，南方则多用竹纸。

非物质文化遗产 INTANGIBLE CULTURAL HERITAGE

中国水密隔舱福船制造技艺于 2010 年被列入"急需保护的非物质文化遗产名录"。

乘风破浪的秘密
中国水密隔舱福船制造技艺

中国水密隔舱福船制造技艺是一种古老而独特的船舶建造技术。

  船是人们涉水浮海的重要交通工具。中国是世界上最早制作出独木舟的国家之一,中国古代的航海和造船技术曾长期处于世界领先地位,中国水密隔舱福船制造技艺便是其中的代表。这项技艺发展于我国福建省,历史悠久,曾被广泛应用于唐代以来的帆船中。

  所谓"福船",是中国传统帆船形制中的一种。福船船底呈尖形,船上平坦开阔,适合远洋航行。而"水密隔舱"则指的是用横隔板分隔船舱,使船的内部成为彼此独立且不透水的一个个舱区的造船技术,它提高了船体的性能。福船与水密隔舱的"强强联手",使得航海安全性大幅提高。

  然而,随着木制船舶逐渐为钢制船舶所替代,中国式帆船的需求急剧减少。如今,能够全面掌握水密隔舱福船制造技艺的工匠大师已经寥寥无几,再加上造船原材料匮乏,这项技艺陷入了传承艰难、急需保护的境地。

中国水密隔舱福船制造技艺

水密隔舱发展史

根据文献资料来看，我国的水密隔舱船体结构最早可以追溯到公元5世纪。这种实用的结构在历史进程中逐步完善，也曾经过马可·波罗的记述传到欧洲，影响了西方海船的建造。有外国学者认为，水密隔舱的发明或许是由于中国古人受到了竹子的启发——竹子是空心的，内部被一个个横隔壁分割成许多个空竹筒，这似乎与水密隔舱的结构有着异曲同工之妙。

① **晋代**

中国最早的带有水密隔舱结构的船是晋代起义军领袖之一的卢循设计并建造的。据记载，这种船内部由隔舱板分为八个船舱，被称为"八槽舰"。卢循建造的八槽舰"起四层，高十二丈"。

② **唐代**

目前已发现最早的水密隔舱实物来自唐代。1960年与1973年，考古学家在江苏分别发现了两艘唐代古船，一艘有五个船舱，另一艘有九个船舱。唐代还有一种被称为"十五格"的船，有十五个船舱。

③ **宋代**

宋代时，成熟的水密隔舱技术已经形成。2007年打捞出来的古代远洋商船"南海Ⅰ号"，沉没时期约为南宋中晚期，属于应用了水密隔舱技术的福船船型，现被安放于广东海上丝绸之路博物馆。

④ **明代**

在明代，郑和下西洋使用的宝船是当时世界上最大的木制帆船。这些宝船属于福船类型，采用了水密隔舱技术。它们出色的远洋航行能力为人类航海史做出了重要的贡献。

非物质文化遗产 INTANGIBLE CULTURAL HERITAGE

水密隔舱的优势

水密隔舱结构在我国造船史上堪称一绝，具有提高船体抗沉性、增强船体构造强度、提高装卸效率等诸多优势。

提高船体抗沉性

在水密隔舱结构中，船舱与船舱之间被木板隔开，这样在远洋航行途中，即使有一两个舱区破损进水，水也不会流到其他舱区，影响船的平衡。船员可以及时对进水的船舱进行修理。因此，水密隔舱既提高了船舶的抗沉性能，又增加了远航的安全性能。

增强船体构造强度

横向的水密隔舱板与侧面的船板相互连接，既支撑着船壳与甲板，又增加了船舶整体的横向强度。因为有横隔板的存在，高高竖起的桅杆得以紧贴舱壁与船体连接，这使古代帆船有了采用多桅多帆的可能。

提高装卸效率

整个船体中分成了多个船舱，有利于作为商船使用时的装货、分货。不同的货主可以同时在不同的舱区中装货和取货，这样既提高了装卸的效率，又便于船主进行管理。

中国水密隔舱福船制造技艺

造船工序

中国水密隔舱福船的制造可以分为船型设计、备料选料、安装等步骤，其中用到的各种具体工艺都是由手工操作完成的。

设计船型时，造船师傅会凭借自身经验绘制一张草图，边制作边调整。技艺高超的造船师傅把每根线条、每处尺寸都刻在脑海里，这是他们赖以生存的秘技。

造船的材料可分为制作船身的木料，以及用于"艌（niàn）缝"的艌料两类。在木料上，主要会用到樟木、松木和杉木，它们轻便、坚固且耐水。艌缝是堵塞木板间缝、保证船舱水密性的关键工序，一般会用到苎麻、桐油、石灰等材料。

福船的基本建造工序大致相同，一般按照安装龙骨、安装梁、安装隔舱板、钉底板、安装船舷、安装梁拱、艌缝、彩绘涂装的顺序进行。另外，筑船工程通常由一名技艺熟练的"师傅头"指挥。在他的监督下，大量工匠紧密协作，共同制造出一艘牢固的帆船。

非物质文化遗产 INTANGIBLE CULTURAL HERITAGE

金色谷地上的希望
热贡艺术

热贡艺术是青海的古老民间美术，其笔法细腻，具有浓厚的地域特色。

热贡艺术是青海省的传统民间美术，是藏传佛教艺术的重要组成部分和颇具影响力的流派，产生于13世纪的青海省黄南藏族自治州同仁市。这个地方在藏语中名为"热贡"，意思是梦想成真的金色谷地，当地的艺术也就因此被称为"热贡艺术"。同仁市的热贡艺术从艺人员之多、群体技艺之精令人叹为观止，同仁因此有了"藏画之乡"的美誉。

热贡艺术于2009年被列入"人类非物质文化遗产代表作名录"。

热贡艺术

发展历程

热贡艺术是伴随着藏传佛教在同仁地区的流传而产生的,其早期作品手法粗放古朴、色彩单纯,画面给人以雄浑、博大之感。

到了17世纪中期,经过长期的艺术传承,热贡匠师们的技艺日益进步,画风趋向华丽、精细,色彩鲜艳,笔法细腻,同时开始注重装饰效果,大量使用黄金做原料,使画面呈现出金碧辉煌的效果和热烈的气氛。这一阶段的热贡艺术进入了辉煌鼎盛时期。

由于热贡艺术以师徒传承和父子传承为主,且历史上的匠师们大多不署名,因此很多精品佳作作者不详,师承关系也难以追溯。二十世纪八十至九十年代,同仁成立了热贡艺术研究院、艺术馆等,热贡艺术在民间艺术家的努力下逐渐走向世界。

绚丽的热贡艺术

① 唐卡

唐卡是中国藏族传统绘画中一种独特的卷轴画,"唐卡"在藏语中意为在平坦的空白处描绘上色彩。热贡唐卡是唐卡中独树一帜的流派,也是热贡艺术的重要组成部分。

在色彩方面,热贡唐卡以粉绿、蓝青等冷色为主,有时用金线勾勒出纤细的线条,浓艳中不失清新,亮丽中显露精微。多用红、黄、蓝、绿、白等纯色平涂,色彩跳跃,画面活泼。在构图方面,热贡唐卡能够在不大的画幅中同时表现不同时空,空白处填以各色纹样,装饰趣味浓郁,具有鲜明的时代特征与地域风格。

② 酥油花

酥油花最早制作于西藏拉萨,距今已有600多年历史。它是一种以酥油为基本原料,糅合各种矿物染料,塑造出各种人物、动物、植物、山水、建筑等形象的油塑艺术品。

③ 堆绣

堆绣的制作方法是将各种色彩艳丽的绸缎剪成各种人物、花卉、鸟兽等图案,然后以羊毛或棉花等柔软的材料填充,再贴或缝在布上,看上去层次分明,栩栩如生,具有立体感。堆绣内容大都取材于佛教故事和宗教生活等。

④ 壁画

壁画常用来装饰寺庙各个殿宇的墙壁,多用矿物颜料画在布上,也有的直接在墙壁、柱子、房梁上绘画。因为使用的是矿物颜料,壁画的颜色能够较长时间保持鲜艳。

非物质文化遗产 INTANGIBLE CULTURAL HERITAGE

中国蚕桑丝织技艺于2009年被列入"人类非物质文化遗产代表作名录"。

中国蚕桑丝织技艺历史悠久、代代相传，成为中华民族认同的文化标志。

一片桑叶
织造锦绣华章

中国蚕桑丝织技艺

　　作为世界蚕桑业的发源地，中国养蚕、抽丝、织绸技术的历史可以追溯到公元前2700多年。从夏朝到清朝，丝绸生产经历了初创、发展和成熟三个阶段，丝织技艺和工具逐渐完善，形成了一套完整的流程。

　　中国劳动人民首创并大规模生产使用丝绸，丝绸制品开启了东西方大规模商贸交流的历史先河。从汉代开始，中国的丝绸不断出口到国外，成为享有盛誉的产品，中国因此被誉为"丝国"。欧洲人还将中国与西方之间以丝绸贸易为主的交通路线称为"丝绸之路"。

　　在过去的几千年里，蚕桑丝织技艺对中国历史做出了重大贡献，并通过丝绸之路对人类文明产生了深远影响。这一传统手工技艺是中国的伟大发明，也是中国劳动人民智慧的结晶。

中国蚕桑丝织技艺

桑蚕变形记

非遗博览

生丝和熟丝

生丝是桑蚕茧缫（sāo）丝后所得的产品，由数根蚕丝相互抱合并由丝胶黏合在一起而成。生丝经过"脱胶"处理后所得的产品即为熟丝，熟丝比生丝更易染色。古人所说的"练丝"指的就是把生丝制作成熟丝的工序。

① 育桑

"桑之未落，其叶沃若。"要培育出这样一棵枝叶茂盛的桑树，首先需要通过直接播种或嫁接的方式繁育桑苗，接着，还需要进行施肥、除草和修剪枝条等工作，才能收获一树树嫩绿的桑叶。

② 养蚕

丝绸业所用的主要蚕种是桑蚕。桑蚕在成长过程中会吃掉大量桑叶，逐渐长大、成熟之后，在稻草、硬纸板等制成的蔟（cù）具上吐丝结茧。

③ 缫丝

有了蚕茧后，下一步是缫丝，也就是理出茧上的蚕丝。人们会把茧放在水中煮，经过索绪、集绪、缫解等工序，去除水分，减少蚕丝间的黏着力，再卷绕成一捆捆的丝。

④ 染色

古人通常采用自然界的植物和矿物等材料来给蚕丝染色，这些染料可以使原本米白色的蚕丝变得绚丽多彩。另外，如果是使用生丝进行织造，通常会在织成后进行染色工序。

⑤ 丝织

丝织的主要工具是织机。人们利用织机并根据一定的规律，将蚕丝以经线和纬线的形式组合在一起，织成富有光泽的绚丽丝绸。不同的织法会让织物呈现出不同的质地。

非物质文化遗产 INTANGIBLE CULTURAL HERITAGE

位于江苏省苏州市的先蚕祠，是人们祭拜蚕神的场所。

丝中民俗

蚕的粪便被用来养鱼，池塘里的泥可用来给桑树施肥，而桑叶又是蚕赖以生存的食物……家蚕的生命周期也被看作是人类生命循环的象征。在桑蚕纺织业发展的过程中，人们的心中逐渐形成敬蚕重桑、爱蚕护桑的思想观念，并随之产生了许多与桑蚕丝织有关的民俗，如祭蚕神、扫蚕花地等等，这些习俗在民间世代相传。

扫蚕花地起源于浙江省湖州市德清县。蚕农为祈求蚕桑生产的丰收，会在春节、元宵节、清明节前后请艺人到家中养蚕的区域举行扫蚕花地仪式，后来逐渐演变为歌舞表演。在表演中，通常由一名女子边唱边舞，唱词内容多是对蚕茧丰收的祝愿和对蚕桑生产全过程的叙述，同时，表演者还会做出扫地、采桑叶、喂蚕、采茧等一系列与养蚕有关的动作。

丝织品主要类别

"罗"最初指的是用来捕鸟的网。作为织物的罗结构与网类似，孔眼较大，适合制作夏季服装。在纺织罗时，会用到一种名为"绞经"的工艺，即两根或多根经线绞扭在一起，与一根一根纬线共同织成，孔眼也就是这样形成的。孔眼呈横向排列的称为"横罗"，竖向排列的称为"直罗"。

"绢"是采用平纹组织或平纹变化组织的织物，古书中说的"帛""纨""素"等织物都属于绢。绢的表面光滑细洁，光泽柔和，摩擦时有蚕丝织物特有的丝鸣。

除了可以用来制作服装以外，绢还可以作为书画材料，在纸流行前，绢常被用来抄写诗赋、作画等。

"缎"是指一类只有经线或只有纬线显现于表面、外观光亮平滑、富丽华美的丝织品，根据织法的不同可以分为经缎和纬缎。

在唐以前，"缎"写作"段"，多用作布帛计量单位。目前出土的最早的暗花缎实物来自元代墓葬。在明清时期，缎发展至鼎盛，大量出现在文献记载中。

精美绝伦的缂丝

缂（kè）丝是中国蚕桑丝织技艺中的一种独特工艺，被称为"中国丝织品的活化石"，并且有着"一寸缂丝一寸金"的盛名。

缂丝的制作方法是把图样放在经线下，用笔在经线上描出图案，再按照图案，采用"通经断纬"的方法，用多个小梭子引各色纬线分块织成，呈现出独特的装饰性趣味。南宋时期出现了一批专门摹缂名人字画的艺人，把缂丝技艺推上了新的高峰。优秀的缂丝艺人甚至能够用丝线表现出书画作品的细腻笔触和颜色晕染。

> 右图为现藏于台北故宫博物院的宋代缂丝作品，描绘的是一丛栩栩如生的荷花。荷花、荷叶的每处细节都清晰可见，十分精巧。

"绫"是一种由生丝织成的生织物，其质地轻薄，表面有明显的斜纹线路，可分为素绫和花绫。素绫是单一的斜纹或斜纹变化织物，花绫是在斜纹组织上起斜纹花的单层暗花织物。唐代是绫的全盛时期，绫在当时各地的丝织类贡品中占了很大的比重。据记载，唐代官府的织染署中设有专门织绫的部门。但后来绫的地位开始下降，纺织结构也发生了变化，宋代以后经常被用来装裱书画。

非物质文化遗产 INTANGIBLE CULTURAL HERITAGE

丝绸之路的轨迹

丝绸之路是东西商业贸易之路，因大量中国丝绸等丝织品，多经由这条道路西运，因此得名"丝绸之路"。丝绸之路的基本走向奠定于两汉时期，可以分为三段。东段为长安至玉门关，中段在今新疆，西段则为新疆以西，直至中亚或欧洲。

中国四大石窟之一的莫高窟就位于敦煌，也是中西文化艺术在此交汇、碰撞的见证，这里的壁画久负盛名。

大秦 大秦即中国史籍对罗马帝国的称呼，在今地中海地区，当时那里的人视中国丝绸为奢侈品。

安息 安息在今伊朗高原和两河流域，地处欧亚贸易要道。

大宛 大宛在今中亚费尔干纳盆地，盛产汗血马，杜甫曾写诗赞誉大宛的骏马。

丝绸向世界绵延

早在商周至战国时期，中国丝绸已经少量地贩运到了中亚、印度等地。西汉武帝时，张骞曾多次奉命出使西域，打通了东西方交往的连接点，并促使更顺畅的东西贸易之路开通。东汉时，班超曾担任西域都护，经营西域31年，派遣使者出使大秦，虽中途而归，但比张骞出使的距离更远，扩大了丝绸之路以及中国丝绸的影响力。

玉门关前，竖立着张骞骑马持节的雕塑。

中国蚕桑丝织技艺

不止于丝绸

胡萝卜、胡椒、胡桃……这些食物的样子差别很大，但名字中却都有一个"胡"字。"胡"是中国古代北方和西方各族的泛称，由这些地方传入中原的物品一般会在名字前加上"胡"字。除此之外，通过丝绸之路来到中国的还有葡萄、石榴、香菜等植物，狮子、鸵鸟、良种马等动物，以及香料、宝石、西方金银器皿等特产。

除了上述具体的商品以外，东西方的文化、技术等也沿着丝绸之路进行了交流与碰撞：来自中亚、印度的乐器和舞蹈，来自波斯的马球，以及各种别具特色的花纹和器皿造型纷纷传入中国，影响了中国人的生活；而中国的科学技术，如造纸术、印刷术、指南针、火药、制瓷技术也沿着因丝绸贸易而开通的商路相继传入西方，为世界文明的发展添上了浓墨重彩的一笔。

汉代的敦煌在今甘肃敦煌，丝绸之路上的名城，如今也是旅游胜地。

敦煌

长安是西汉都城，也是丝绸之路东端的起点，在今陕西西安。

长安

非物质文化遗产 INTANGIBLE CULTURAL HERITAGE

春色如许六百年 昆曲

昆曲原名"昆腔""昆山腔",也被称为"昆剧",产生于元末明初江苏昆山一带,是明代中期乃至清代中期影响最大的戏曲声腔。

昆曲折子戏演出场所

昆曲《西厢记》演出剧照

昆曲《牡丹亭》演出剧照

昆曲于2008年被列入"人类非物质文化遗产代表作名录"。

　　昆曲是一门结合了文学、音乐、表演的综合性艺术。经过长期的舞台实践,昆曲取得了很高的成就,歌、舞、介、白等表演手段高度综合。其分工也越来越细,主要角色包括老生、小生、旦、贴、外、末、净、付、丑等。昆曲对中国很多戏剧剧种,如京剧、川剧等都有着巨大的影响,堪称中国戏曲艺术的集大成者。昆曲的代表性剧目有《牡丹亭》《西厢记》《长生殿》《玉簪记》《十五贯》等。

昆曲的发展历程

中国第一项"非遗"

2001年,昆曲以全票入选联合国教科文组织"人类口头和非物质遗产代表作",是中国第一项世界级的非物质文化遗产,也开启了我国非物质文化遗产保护的大门。2008年,根据《保护非物质文化遗产公约》,昆曲等项目被自动纳入"人类非物质文化遗产代表作名录"。

① 起源

元代后期,产生于浙江温州的南戏流传到了江苏昆山一带,经过当地音乐家的改良,在明初逐渐形成了"昆山腔"。明代嘉靖年间,一位名叫魏良辅的戏曲音乐家与几位民间艺术家一起,对昆山腔进行了改良,广泛吸取了其他南方戏曲唱腔的优点,建立了一种被称为"水磨调"的昆曲歌唱体系,一唱三叹、悠扬圆柔。

② 发展

嘉靖中叶以来,众多戏曲家都对昆山腔进行了进一步的加工,昆曲剧作家人才济济、名家辈出。历史上第一部昆曲传奇是梁辰鱼所作的《浣纱记》,它讲述的是春秋时期吴越相争以及西施的故事。《浣纱记》的上演扩大了昆山腔的影响力,使昆山腔成为"四大声腔"之首。学习昆曲的人越来越多,文人士大夫也争相为昆曲撰写剧本。到了明代万历年间,昆曲的影响已经扩展到了江浙各地,形成了诸多流派,更传入京师(今北京),广受各阶层观众喜爱,逐渐成为全国性的剧种。

③ 鼎盛

明代天启初年到清代康熙末年的100余年间,是昆曲走向鼎盛的时期。在这100余年里,昆曲作家们不断撰写新作,戏班争相排演新剧,昆曲的表演艺术随之日趋成熟,服装道具也日益考究。

④ 衰落

乾隆年间,昆曲的表演形式逐渐由全本演出过渡到"折子戏"。所谓折子戏,就是从整个剧本中摘选演技较为精彩、情节相对独立的一节单独表演。由于昆曲文辞古雅,人们逐渐被新鲜、通俗的京剧所吸引,昆曲逐渐走向衰落,直到近几十年来,才终于重新振兴。

非物质文化遗产 INTANGIBLE CULTURAL HERITAGE

昆曲之美

曲牌

在音乐上，昆曲为曲牌体结构。古代的词曲创作最初是"选词配乐"，其中格外动听的曲调就会被保留下来，后人依照曲调和原词的格律重新填词。这些被保留下来的曲调大多会沿用原来的标题，也就形成了"曲牌"。曲牌的文字多由长短不一的句子组成，每句的字数、声调、押韵等都有一定的规定。

乾隆年间的相关书籍中，收录了超过2000个昆剧所用的曲牌，加上同名异体的曲牌，共有近4500个，它们形成于不同时代、不同地区。曲牌有南曲与北曲之分：南曲带有南方音乐柔和秀丽的风格特征，具有抒情性，擅长表现怀念、伤感等细腻的情感；北曲则具有北方音乐慷慨激昂的风格特征，唱词、曲调变化灵活，擅长表现豪迈的英雄气概。

吐字

昆曲的演唱注重吐字，演员唱出每一个字时，需要把字的头、腹、尾每一部分都切分得清晰匀称，与说话时的吐字方式有很大区别，这一点是对魏良辅改良的"水磨调"的继承。到了字尾收字时，还需要注重归韵，不同韵的字在演唱时要把口型及声音归到相应的音上，这是昆曲音乐中的一个传统理论。

在明代，曾有民间艺术家还提倡演唱昆曲时要"审音辨字"：演唱时除了把字唱出来以外，更要把人物的性格、情感也表达出来。

唱词

曲词典雅是昆曲的一大特征。昆曲音乐美妙婉转，极具感情，与之相配的唱词也极富诗意。与许多中国古代诗词一样，昆曲的唱词多带有浓厚的抒情色彩。昆曲唱词吸收了古代文学中的元素，剧本中具有文人的审美趣味。明清时期许多从事昆曲剧本创作的剧作家也同时取得了很高的文学成就。在昆曲唱词中，可以见到比喻、拟人、用典等多种修辞方式，许多富有文学性的名句也脍炙人口、家喻户晓。

昆曲

《牡丹亭》的传奇

提及昆曲，人们最为熟知的剧目莫过于明代著名戏曲作家汤显祖于1598年所创作的《牡丹亭》。这部作品是一部具有浪漫主义精神的杰作，在中国古代戏曲史上拥有重要的地位。

《牡丹亭》讲述了杜丽娘在梦中与书生柳梦梅相爱，因相思而逝，其魂魄与柳梦梅再度相遇，最终死而复生的故事。剧本的主要情节源自当时的一篇话本小说，但汤显祖巧妙融合了明代社会现实，进行了创造性改编，构思新颖，情节离奇，人物形象生动，描写细腻。《牡丹亭》自问世以来引起了当时及后世众多观众的强烈共鸣，以其深刻的情感表达和精湛的艺术技巧，引领从古至今的无数观众进入一个浪漫而梦幻的昆曲艺术世界。

2004年，著名作家白先勇打造了"青春版《牡丹亭》"，在保留原剧情的前提下加快了叙事节奏，演员的服饰全部采用传统苏绣，舞台布景运用园林造景技法，展现了一种简约、写意的审美风格，既保留了昆曲的精髓，又顺应了时代审美的发展，广受海内外观众的喜爱。直至今日，《牡丹亭》这部经典作品依然焕发着勃勃的生机，还将会继续为人们带来难以忘怀的感动和艺术享受。

原来姹紫嫣红开遍，似这般都付与断井颓垣（yuán），良辰美景奈何天，赏心乐事谁家院。朝飞暮卷，云霞翠轩，雨丝风片，烟波画船，锦屏人忒（tuī）看的这韶光贱。

——汤显祖《牡丹亭》

青春版《牡丹亭》演出剧照

非物质文化遗产 INTANGIBLE CULTURAL HERITAGE

指掌间演绎的传奇
福建木偶戏后继人才培养计划

福建木偶戏后继人才培养计划于2012年被列入"优秀实践名册"。

木偶戏是一种由艺人操作傀儡表演故事的戏剧形式,古称"傀儡戏""傀儡子"。

中国的木偶戏最早兴起于汉代。到了唐代,木偶戏有了新的发展和提高,人们已经可以用木偶来演出具有人物和情节的剧目了。宋代木偶的制作工艺与操作技艺进一步成熟,是中国木偶戏发展的一个重要时期,《东京梦华录》《武林旧事》等书中都有记载当时傀儡戏演出的盛况。明代时,木偶戏已经在中国各地流行,在经济发达的南方地区更是十分繁荣,有着"南方好傀儡"的说法。清代后,木偶戏进入了全盛时期,流行范围更广。近现代以来,除了演出传统的戏曲节目外,木偶戏还展现出更为广泛的表演内容,可以表演话剧、歌舞剧、连续剧甚至广告等。

福建木偶戏是我国木偶表演艺术的杰出代表,自公元10世纪起在福建的泉州、漳州及周边地区广泛传播。其表演技法精湛、传统剧目和音乐唱腔丰富、木偶造型艺术精美,形成了完整的表演体系,受到当地民众的喜爱与珍视。

掌中木偶

福建木偶戏的主要类别

提线木偶戏

提线木偶戏古称"悬丝傀儡戏",其历史悠久,在许多古书中都有记载。提线木偶造型较高,多在70厘米左右。人偶身体的关键部位均缀连着细线,最多可达30多条,最少也有10多条,如果要进行特技表演,还要根据需要增加若干辅助提线。木偶人表演各种武打技艺及舞蹈身段的水准完全取决于艺人的操作技巧。

掌中木偶戏

掌中木偶戏也称"布袋戏"。掌中木偶一般高约7寸,身躯形似布袋,上边接上樟木雕制的木偶头,左右接木偶双手,布袋前片的下端接木偶双腿。表演者食指插在木偶颈里控制头部,中指、拇指伸到木偶左右袖管直接操纵木偶双手。因为表演者是用手指直接操纵木偶的,所以这类木偶戏有着动作节奏明快、迅捷有力的特点。

人才培养

福建木偶戏蕴藏着古人的智慧,更是当地人文化记忆的重要组成部分。然而自20世纪80年代以来,随着人们生产生活方式的变化,加上福建木偶戏表演、制作技法复杂,年轻人学习意愿下降,福建木偶戏逐渐陷入后继乏人的困境。

为了传承、保护福建木偶戏,从2006年开始,相关群体和传承人制定了"福建木偶戏后继人才培养计划",截至2012年,已经取得了一定的成效,提高了福建木偶戏的存续能力。培养计划既注重通过系统的专业训练,培养新一代的木偶戏从业者,同时也致力于从改善木偶戏的生存环境入手,培育潜在的木偶戏爱好者。这些成果得到了联合国教科文组织的肯定。福建木偶戏后继人才培养计划的成功,更为我们保护其他非物质文化遗产提供了经验和示范。

此为南宋画家刘松年的《傀儡婴戏图》,画中的孩童正在表演提线木偶戏。

非物质文化遗产 INTANGIBLE CULTURAL HERITAGE

西安鼓乐是我国古代音乐的重要遗存,被誉为"中国古代的交响乐"。

西安鼓乐于2009年被列入"人类非物质文化遗产代表作名录"。

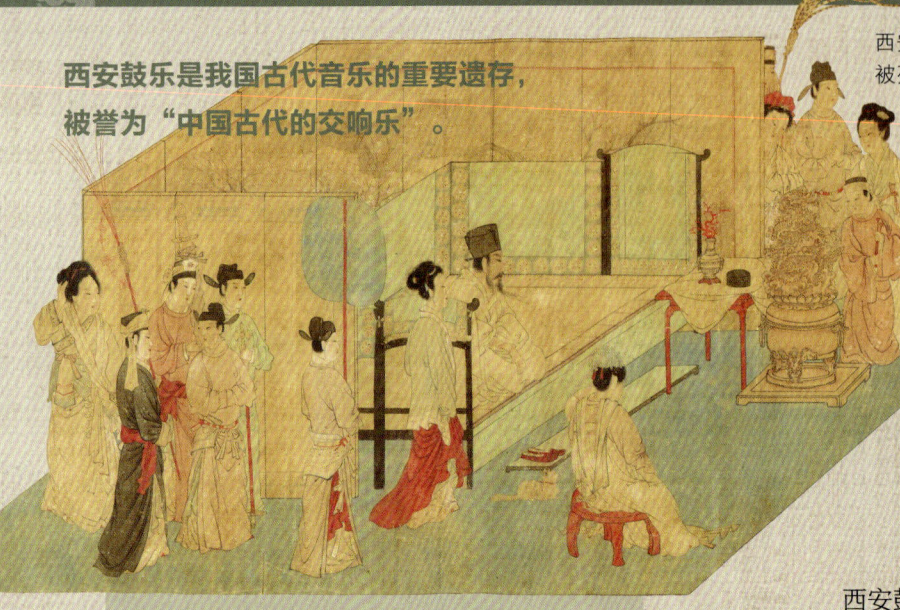

长安城里的交响乐 西安鼓乐

西安鼓乐是千百年来流传在西安及周边地区的民间大型鼓乐。西安在古代被称为"长安",西安鼓乐也因此有"长安鼓乐"之称。

西安鼓乐现存的1100多首曲目中,包含了许多与唐代大曲、唐宋燕乐曲等古曲同名的曲目,是中华音乐文化宝库的重要组成部分。西安鼓乐曲目结构形式庞大,严格继承唐宋音乐,是研究中国古代音乐的重要材料。

在古长安及周边地区举办的庙会活动以及多家民间乐社,是西安鼓乐得以生存的基础。然而由于时代的变迁,西安鼓乐原本赖以生存的人文环境正在逐步消亡,再加上老艺人相继辞世,西安鼓乐面临后继乏人、濒临消亡的境况,需要人们的关注、了解与保护。

从庙堂到民间

西安鼓乐脱胎于唐代的"燕乐"。"燕"字同"宴"。所谓"燕乐",指的是中国古代宫廷中用于宴会的歌舞乐。燕乐这个名称最早见于周代,在《周礼》中已有记载。唐代的燕乐,指的是与庄重雅正的"雅乐"相对的所有宫廷俗乐的总称。

安史之乱期间,随着宫廷乐师的流亡,这种音乐逐渐流入民间。西安鼓乐不再是高居庙堂、只供贵族欣赏的音乐,而是在民间代代相传了千百年。西安鼓乐团体中的成员,许多是毫无专业音乐知识的农民。他们白天会一边在田间劳作,一边哼唱鼓乐的曲调,到了夜晚,就跟着师父学习,用筷子敲着长凳练习节奏,奏出属于自己的音乐。

西安鼓乐

乐队编制

西安鼓乐所用的乐器有两类：一类是旋律乐器，有管、笛等；另一类是节奏乐器，有鼓、锣、钹等。二者配合，奏出气势宏伟、浑然天成的西安鼓乐。

鼓

鼓的历史十分悠久，在原始时期，中国先民就已将鼓用于音乐、舞蹈。

钹以形状、大小相同的两片为一副，两片相撞发音，其声音洪亮，穿透力强。

钹

锣

锣为铜制，用槌敲击发音，锣有大量不同规格，适用于不同的演奏需要。

管，古称"筚篥（bì lì）"。

笛，因横持吹奏，也称"横笛"。

管　笛

类别与流派

按照演奏形式的不同，西安鼓乐可以分为两类：一类为"坐乐"，在堂上演奏；另一类为"行乐"，在堂下或路途行进间演奏。

坐乐与行乐的演奏人数、曲式结构有所不同。坐乐的人数较多，有十多人到数十人不等，分别坐于桌案周围；曲式结构庞大，每套坐乐演奏四五十分钟甚至超过一个小时。行乐的人数可多可少，专门用于路途演奏、无限反复的仪仗音乐称为"同乐鼓"，在堂前列队演奏、使用八种乐器的小型曲目称为"乱八仙"。

按照流派来分类，西安鼓乐可以分为僧、道、俗三个流派，它们各有不同的风格趣味。比如，僧派鼓乐偏向于平和、自由，道派鼓乐则清雅、细腻，俗派鼓乐具有雄壮、粗犷的特点。这些流派的西安鼓乐都吸纳了民俗、宗教中的一些元素，经常在寺庙、道观上演。

周文矩《合乐图》（局部）

非物质文化遗产 INTANGIBLE CULTURAL HERITAGE

拳里乾坤大
太极拳

太极拳是中国民族传统运动的代表，既有着强身健体的作用，也承载着中国传统哲学观念。

太极拳于 2020 年被列入"人类非物质文化遗产代表作名录"。

太极拳是东方文化的瑰宝，是中华武苑绽放的古老奇葩，诞生于 17 世纪中叶的河南焦作陈家沟村。经过世代传承，太极拳从陈家沟村传播至全国各地，发展出多个以其他姓氏命名的流派，太极拳的社会功能和文化意义也随之不断丰富，见证了中华民族的创造力。

如今的太极拳，既是中国传统文化的重要符号，也是中国传统文化对外交流传播的重要载体。几百年来，太极拳已经享誉全球，习练者多达数亿人，传播到了 150 多个国家和地区。它是连接不同种族、不同民族、不同语言、不同国家的文化桥梁和纽带。

太极中的哲学

"太极拳"之名最早见于清乾隆年间的图书《太极拳论》，相传作者是山西武术家王宗岳，这部书以《周易》中太极阴阳的哲理来解释拳术。阴与阳对立统一、相互转换的哲学观念渗透进了太极拳的一招一式中，太极拳也因此有着"哲拳"的美称。

以柔克刚

不同派别的太极拳虽各有特点，但也具有相同的技术方法。太极拳的核心动作被归纳为"五步"和"八法"，其行拳讲究肩与胯合、肘与膝合、手与足合的"外三合"，以及心与意合、意与气合、气与力合的"内三合"。虽然太极拳看起来圆柔、轻盈，似乎不像一门武术，但实际上，太极拳在动作上讲究以静制动、以柔克刚、避实击虚、借力打力，凝聚着中国传统健身养生的智慧。

太极拳主张气沉丹田、以气运身、形神合一，有益于改善呼吸系统和消化系统机能，促进血液循环，强身健体、维护康健，提高平衡能力，也不受时间、气候、场地的限制，是一项老少皆宜的运动。

陈氏太极拳

陈氏太极拳是一个影响力很大的太极拳拳种，特点是由静而生动，拳法动作以曲线和弧形为基础。太极拳创编的理论基础是中国传统哲学中的阴阳五行，陈氏太极拳在行拳过程中，也处处体现着相生相克的"阴阳"思想，虚实相生、刚柔并济。陈家沟村是陈氏太极拳的发源地，也因太极拳而闻名世界。

太极拳的拳法理论还受到了中国传统哲学的多方面影响，蕴含着丰富、多元的文化内涵。除了《周易》思想外，它集儒家思想中的"仁义为本"、道家思想中的"道法自然"、佛家思想中的"慈悲为怀"于一体，并吸取了《孙子兵法》中的战略战术等诸多中华文明中的精华。

因此，习练太极拳不仅能够强身健体，还有着修身养性的作用。

陈家沟村的中国太极拳博物馆

非物质文化遗产 INTANGIBLE CULTURAL HERITAGE

中国传统制茶技艺及其相关习俗于2022年被列入"人类非物质文化遗产代表作名录"。

一片茶叶的辉煌史
中国传统制茶技艺及其相关习俗

中国传统制茶技艺及其相关习俗历史悠久，贯穿了中国人几千年来的生活。

中国传统制茶技艺及其相关习俗大约在商周时期初见萌芽，之后一直深受人们喜爱。在交友、婚礼、拜师等社交场合中，茶都是重要的沟通媒介。饮茶、品茶也不仅仅是一种饮食习惯，其背后还承载着深厚的文化内涵。

中国茶史

《茶经》中描述："茶者，南方之嘉木也。"这说明中国茶起源于中国南部地区，在人们开始栽培茶树之前，茶叶便来自这些地区广泛生长的野生茶树。

西周时期，上贡给周天子的贡品中已经有了茶叶的身影；春秋战国时期，茶业发展范围扩大，为茶叶贸易提供了条件；到了汉代，四川成为茶业发展的代表性区域；三国两晋至南北朝时期，长江中下游、江浙沿海等地也陆续发展起了茶叶的种植；唐代后，茶业发展进入了兴盛期，名茶涌现，茶叶产量增多，生产专业化程度也有明显提升。

在漫长的历史发展进程中，人们饮茶的方式也在发生变化。唐宋时期生产的大多是团饼茶，在饮法上，唐代以煮茶法为主，宋代以点茶法为主。明代以后，将散茶直接放入茶壶中用沸水冲泡的方式逐渐流行。这种饮法经过演变后一直沿用至今，是现在的主流冲泡方式之一。

中国传统制茶技艺及其相关习俗

茶的传播

茶马古道

位于中国西南地区的茶马古道是以茶、马为主要商品，在四川、云南和西藏之间进行交换贸易的通道。该通道起源于古代西南边疆的"茶马互市"，从唐宋开始兴盛，延续于元明清时期。茶马古道主要路线包括青藏、川藏、滇藏三条。其中青藏线发展较早，在唐朝时期曾十分繁荣。行走在古道上的马帮为茶叶的传播做出了贡献，增进了民族间的团结和友谊。

非遗博览

《茶经》

《茶经》是中国第一部关于茶的专著，被誉为"茶叶百科全书"，作者是唐代的陆羽。全书共有10篇，分别论述了茶的性状、品质、产地、采制、烹饮方法及饮茶用具等方面的内容。《茶经》中的内容有些源于陆羽的亲身经历，也有些是他博览群书所得的前人经验。

海上茶叶之路

茶叶是海上丝绸之路贸易的重要商品，所以海上丝绸之路也被称为"海上茶叶之路"。隋唐时期，茶叶已经通过海上丝绸之路传播到了朝鲜、日本等地，这一时期的阿拉伯书籍中也曾经提到过茶叶抵达欧洲的事情。宋元时期，茶叶已成为我国对外贸易的重要商品之一。明代郑和七下西洋，把饮茶的习俗带到了东南亚、印度半岛等地……海上茶叶之路把茶叶以及中国茶文化陆续传播到了沿线国家，推动了世界文明的发展。

中国茶传入日本、欧洲等地后备受当地人欢迎。

茶叶初制技术

将新鲜的茶树嫩叶加工成毛茶的过程被称为"茶叶初制"。中国茶种类繁多,不同种类的茶,初制工序不尽相同。

以绿茶为例,其初制过程主要包括摊放、杀青、揉捻和干燥等步骤。摊放是指将采摘下来的新鲜叶片均匀地摊放在篦(bì)垫上,使叶片逐渐散热、失水,排除鲜叶中的青草气味,变得柔软,以便进行下一步的杀青处理。杀青是利用超过100℃的高温处理,去除叶片中部分水分,软化叶质的过程,对于绿茶制作至关重要。这一步骤也使得成品绿茶具备颜色翠绿、香清味浓的特点。揉捻是指通过人工或机械力量将叶片卷成条状,这一步可以使茶叶在冲泡时更好地释放茶汁。绿茶初制的最后一道工序是干燥,即采用炒、烘或晾晒等方式去除茶叶中剩余的水分。

与绿茶不同,红茶为全发酵茶。红茶的初制主要包括萎凋、揉捻、发酵和干燥等步骤,萎凋和发酵是其中的关键步骤。萎凋可用日晒或人工控制等方式进行,使鲜叶中的水分减少,外形发生变化。而在一定的温度和湿度下发酵,则可使茶叶逐渐变成红色。

此外,还有一些其他工序,如闷黄、渥堆等,它们分别用于黄茶、黑茶的初制过程。正因制作工序各有特点,各品种的茶叶才拥有不同风味。

非遗博览

茶树种植

茶树适宜生长在酸性土壤中,所受光照既不能太强也不能太弱。品质优良的茶叶大多出产于雨量充沛、云雾多、有一定高度的高山地区。中国有四大主要茶区,分别为华南茶区、西南茶区、江南茶区和江北茶区。

中国传统制茶技艺及其相关习俗

泡茶器具

1 茶荷
将茶叶装入茶荷内后，可以先递给客人，鉴赏茶叶的外观，再用茶匙将茶荷内的茶叶拨入壶中。茶荷的使用增加了品茗的观赏性和情趣。

2 茶杯
茶杯是一种体量较小的盛茶水的器具，在品茶过程中有重要作用。不同大小、质地的茶杯可能会影响到品茶时的口感，因此不同茶品选择茶杯时有各种讲究。

3 茶壶
茶壶通常由壶盖、壶身、壶嘴、壶把四部分组成，材质包括陶壶、瓷壶、紫砂壶等多种。不同大小、形状的茶壶配合不同种类的茶叶，泡出的茶也会具有不同的口感。

5 茶夹
茶夹又称"茶筷"，用于将茶渣自茶壶中夹出，有人也用它夹着茶杯洗杯，既能防止被热水烫伤，又十分卫生。

6 茶巾
茶巾的主要功用为在品茶之前将茶壶等器具底部残留的水擦干，也可用来擦拭滴落在桌面上的水滴。茶巾一般置于茶盘与泡茶者之间的案上。

7 茶盘
茶盘即用来盛放茶壶、茶杯等器具的浅底器皿。其形状根据配套茶具，可方可圆或作扇形。形式包括抽屉式或嵌入式，既可以是单层，也可以有夹层，夹层通常用以盛放废水。

4 公道杯
从外观上，公道杯分为无柄和有柄两种，有的还内置过滤网。公道杯用来盛放泡好的茶汤，再分别倒入各小杯，以均匀不同杯中茶汤的浓度。

公道杯

茶壶

茶杯

茶荷

茶夹

茶巾

茶盘

33

非物质文化遗产 INTANGIBLE CULTURAL HERITAGE

茶的种类

中国现代生产的基本茶类可以分为绿茶、红茶、黄茶、黑茶、乌龙茶、白茶六类。它们在制作工序上有所不同,特征也不同。

绿茶

中国是一个主产绿茶的国家,绿茶的品类名目最多。绿茶为不发酵茶,在制造过程中没有发酵工序,成品茶叶中保持了鲜叶内的天然成分,茶叶青翠碧绿。中国著名的绿茶有数百种,如西湖龙井、洞庭碧螺春、黄山毛峰、信阳毛尖等。

红茶

红茶的外观特征是红叶、红汤。红茶的色泽明亮鲜艳,味道香甜甘醇。发酵是红茶加工最关键的工序,经过发酵后,红茶会形成其独有的颜色和香气。著名的红茶有安徽的祁门红茶、云南的滇红、福建武夷的小种红茶等。

黄茶

黄茶的外形呈微黄褐色,色泽金黄光亮,滋味浓醇而不苦涩,为轻发酵茶。在黄茶的制作工序中,"闷黄"的步骤是黄茶形成金黄的色泽和醇厚茶香的关键。中国著名的黄茶有君山银针、蒙顶黄芽、平阳黄汤等。

中国传统制茶技艺及其相关习俗

黑茶

黑茶流行于云南、四川、广西等地,呈黑褐色,茶汤颜色近似深红,具有独特的"滑、醇、柔、稠"的口味。黑茶制作时要经过"渥堆"的工序,即堆积发酵。著名的黑茶有湖南黑茶、湖北老青茶、四川边茶等。

乌龙茶

乌龙茶也称"青茶",它综合了红茶和绿茶的制作方法,属于半发酵茶,既有红茶的浓醇,又有绿茶的清香。茶叶在水中呈"绿叶红边",品尝后齿颊留香,回味甘鲜。福建省的安溪铁观音、武夷大红袍,中国台湾省的冻顶乌龙等,都是乌龙茶中的著名品种。

白茶

白茶是中国茶叶中的特殊珍品,属于微发酵茶,主产于福建。白茶茶叶的颜色如银似雪,茶汤颜色微黄,香气清鲜,滋味清淡回甘,令人回味无穷。白茶主要有白毫银针、白牡丹等品种。

传唱千年的民族史诗

民间歌手口中传唱着的英雄故事,承载着各民族独特的文化与历史。

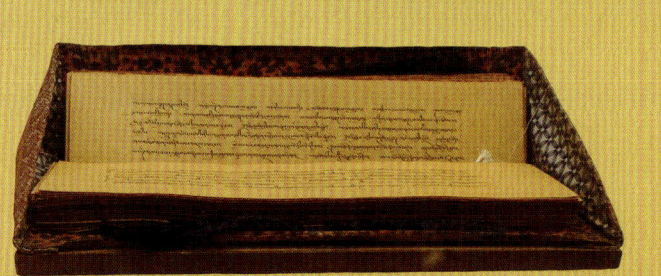

  中国各个民族都有着辉煌而独特的文化遗产,赫哲族、藏族、蒙古族、柯尔克孜族等民族都有非常著名的英雄史诗。这些以说唱形式演绎的史诗,既是文学也是音乐,是中华文明不可或缺的一部分。

  赫哲族伊玛堪是中国东北地区民间文学的珍品,也是赫哲族文化的重要组成部分;《格萨(斯)尔》的传说则是藏族、蒙古族民间文学的代表作之一,描绘了藏族、蒙古族人民的历史和精神信仰,展现了他们坚韧、乐观、向上的生活态度;《玛纳斯》表现出雄壮、豪迈的气势,讲述了英雄及其后裔的人生经历,反映了柯尔克孜族历史、文化、习俗和信仰等方面的特点。

  虽然来自不同的民族,但这三项非物质文化遗产都是中国优秀的口头文学艺术,体现着中华民族优秀传统文化的博大精深。

赫哲族伊玛堪

赫哲族是中国东北地区的一个历史悠久的民族,主要分布在黑龙江省同江市、饶河县、抚远市等地,族人主要以捕鱼与狩猎为生。赫哲族有自己的民族语言,但没有自己的文字,虽然人口稀少,却创造了璀璨的文化。

"伊玛堪"是赫哲族民间文学的代表,反映了赫哲族人民的历史、文化以及生活习惯,通过口耳相传的方式流传至今。赫哲族伊玛堪中,很多故事里的男主角都被称为"莫日根",这一词的意思是英雄。据现有资料,赫哲族伊玛堪最迟形成于清末民初,它是赫哲族人民生活中不可缺少的一种艺术品类和娱乐形式,同时还具有传承赫哲族历史文化的"教科书"功能。

在表演上,赫哲族伊玛堪以说为主,以唱为辅,没有乐器伴奏,根据题材、篇幅的不同,分为大唱、小唱等类别。表演时,歌手通常使用丰富的想象力和口语化的唱词,时说时唱,形象生动地讲述赫哲族的民族故事,使听众获得身临其境般的感受。

赫哲族鱼皮画

伊玛堪故事

伊玛堪中讲述的英雄有很多,他们的故事分别见于不同的篇章,《马尔托莫日根》《满都莫日根》是其中的名篇。

《马尔托莫日根》讲述的是住在乌苏里江边的马尔托的复仇故事。马尔托幼年时,父母被其他部落的人掳走,他长大后便踏上了寻找父母的征程。一路上,他陆续打败了城中或邪恶或有神力的城主,有了结义兄弟,也迎娶了美丽的妻子,最终来到了俘虏他父母的部落。在妻子、结义兄弟以及神灵的帮助下,马尔托解救了父母,与他们一同返回家乡,过上了幸福的日子。

《满都莫日根》讲述的是满都和妹妹满巾的故事。他们在幼年时就失去了父母,又因意外而兄妹失散。之后满都在打猎时遇到一头像狼的怪物,被吓得精神失常;满巾则被神灵收养,受到了神灵的教导。神灵给了满巾仙丹和一道护身符,满巾回到家中以此帮助满都逢凶化吉。最后,满都救出了还在世的母亲,统一了多个部落,成了最大的城主。

赫哲族伊玛堪于2011年被列入"急需保护的非物质文化遗产名录"。

格萨（斯）尔

《格萨（斯）尔》是藏族史诗《格萨尔王传》与蒙古族史诗《格斯尔》这两部同源异流故事的合称。《格萨尔王传》分为三个部分，讲述了格萨尔投身人间、四处征战、返回天国的故事；《格斯尔》是由散文和数十个诗章组成的大型史诗，有口头和书面两种版本，生动刻画了丰富的正反面人物形象。凭借杰出艺人的说唱，史诗得以流传千年，人们以这种吟唱的方式，不断地表达着对英雄的崇敬和赞美之情。现如今，史诗所流传的范围已经不止于藏族、蒙古族，还包括纳西族、土族等。

《格萨（斯）尔》全面反映了藏族、蒙古族等相关族群关于自然万物的经验和知识，是各族群民众共享的精神财富，具有很高的学术价值与美学价值。

格萨尔王雕像

格萨尔的故事

在故事中，格萨尔是一个半人半神的英雄。他本是天神之子，为拯救苍生而降生在人间。从诞生之日起，格萨尔就开始为民除害、造福百姓。12岁时，他在部落的赛马大会上取得了胜利，获得王位，从此被称为"格萨尔王"。

在此之后，格萨尔率领部族降妖驱怪，南征北战，先后降服了几十个部落，维护了本民族的利益。格萨尔的部落名为"岭"，他与其他部族的战争也就因此被称为"霍岭大战""门岭大战"等，这部分故事是史诗中内容最丰富的篇章。

在降伏了人间妖魔之后，格萨尔功德圆满，与母亲和妻子一同去了天界。

非遗博览

江格尔

除上述各民族史诗以外，蒙古族还有一部史诗——《江格尔》，它与《格萨（斯）尔》《玛纳斯》并称为"中国三大史诗"。《江格尔》目前已收集到的共有60多部，长达10万行左右，体现了草原游牧文化的特征，也展示了古代蒙古族人民的审美观念。其语句优美，想象大胆，富有浪漫主义色彩。

格萨（斯）尔于2009年被列入"人类非物质文化遗产代表作名录"。